兵頭二十八

米中「AI大戦」

地球最後の覇権はこうして決まる

はじめに

２０１８年10月、米国ウェブサイト『ＭＩＴテクノロジーレビュー』のインタビューに、台湾生まれでＡＩ界の大物である李開復（Lee Kai-Fu）が応じ、《ＡＩに関して中共と米国は、パラレル宇宙を構成する》《両陣営は、２種類・２系統の別々なＡＩ技術によってこの世界を２分割するだろう》と、彼の「新しい世界新秩序観」の一端を語った。

たとえば暗証番号の代わりに本人の顔がＩＤそのものとなる「顔認証」技術。またその応用で、通行量の多い歩道や、大規模なコンサート会場の群集の動画（もしくは静止画像）をＡＩにスクリーニングさせ、まず人の顔とそうでないものを識別（顔検知）。その上で、その大集団の中に、事前に政府によって登録されていた要注意人物が混じっているかどうか、瞬時に探し出させてしまう。

これらのソフトウェアにも、中共系と米国系の2つの商品群が生まれ、それが第三世界に売り込まれて、世界市場を、システムの上で二分してしまうだろうというわけだ。

いままで中国圏内のIT商品ユーザーは、政府としては不本意なことに、インテル社製その他の外国のCPU／GPUチップ、あるいは高性能メモリーチップに頼るしかなかった。同様に「マックOS」や「ウインドウズ」、「iOS」や「アンドロイドOS」等の米国産の基本オペレーションソフト（OS）の借用を続けるしかなかった。せめてもの抵抗は、それらの違法な無断コピーの横行を黙認することであったが、いよいよこれからは、中国バージョンのチップやボード、中国バージョンのソフトウェアで、すべてを自給自足して行くつもりなのだ。

世界のユーザーは、中共系のAI商品／サービスを使うのか、米国系のAI商品／サービスを使うかの、どちらかを選ばねばならなくなる。

サプライヤー側から見れば、これからは「技術的殖民地」を世界規模で分割する競争が、米中間で闘われることになる。

1979年に訪米した鄧小平が、米国に中国人の留学生を送り出したい――と希望して叶えられた。レーガン政権時代の80年代前半に、その数は1万人を超えた。

李開復は1961年生まれだから、同じ頃の米国の大学の様子を知っている。彼はカーネギーメロン大学でマシンラーニングを学び、人間の発話を連続的に認識できる機械システムについての研究で博士号を取った。その後は、隆盛途上のアップル社を皮切りに、SGI社（81年に設立されたベンチャーで3Dグラフィックス処理が得意だった）、マイクロソフト社、グーグル社の重役を歴任。

1998年には「アジア・マイクロソフト研究所」を立ち上げ、2000年まで所長であった。李はグーグルの中国進出も手引きし、05年から09年まで「グーグル・チャイナ」の社長におさまっている。

いまや富豪であって、中国のAI企業が集中している北京市内に「シノヴェイション」というAI系に特化したインキュベイター企業も運営する。

李は2018年の自著『AIスーパーパワーズ――中国とシリコンバレーと新世界秩序』の中で、中共はAIで米国に勝つ運命だとする。なぜなら人口で優る上に、データ・セットの蓄積量も圧倒的だからだと。

李はわかりやすくたとえている。もし「データ」を「新しい石油」だと見るならば、中国こそは「新しいサウジアラビア」なのだから――と。

ほんとうにそんな未来がやってきているのだろうか？

ほんとうに世界の半分は、中共の支配下――すなわち反近代文明たる儒教的秩序の中に、組み入れられるのだろうか？

それならば日本は、どっちの陣営に呑み込まれるのだろうか？

小著では、李らが期待する未来秩序とはぜんぜん別な「大無秩序」が迫っていることを、日本の読者に警告したい。

百度（バイドゥ）、アリババ、騰訊（テンセント）等に代表される中国の新興巨大ＩＴ／ＡＩ企業群は、やがてそれぞれが超国家規模の「情報軍閥」を目指す。その前に、古臭い中国共産党（＝人民解放軍）と、シナ大陸内の覇権を争うことになるだろう。

勝負は一方的だろう。中共中央幹部も解放軍幹部も、いまや、自身および家族係累の経済活動情報をことごとく、ＩＴを通じてすすんで巨大ＡＩ企業に提供しているようなものなのだ。古い、年老いた権力は、ブラックホールに吸い込まれる恒星のように、複数の巨大なＩＴ／ＡＩ企業の引力の前にバラバラに分解されて吸い込まれ、合体して「情報軍閥」になる運命だろう。

米中間では、ＡＩ冷戦がスタートする。そして中国国内では、超国家規模のＡＩ軍閥間の闘争が展開される。

どうして日本が、それに巻き込まれずに済むであろうか？

目次

第５章　ＡＩがもたらす波乱。それに対する人々の防衛手段は？　82

第6章 海陸戦闘は一変する 94

第7章 人間がＡＩに勝つ方法はあるのか？ 139

第1章　ＡＩの先頭ランナーはぶっちぎりで米国

シンプルな現実

宣伝に熱心な中国人は、あたかも「中国製ＡＩの水準はいまや米国に肉薄しているところ」であるかのように語る。

だが、世界を見回せば、そもそもＡＩを学ぶために米国の大学に留学する中国人学生はゴマンといても、その逆の話はほとんど聞かれないだろう。

学問のジャンルを問わないで留学生の数を横断的に２０１６年度の統計で比較することができる。米国国内の大学へは35万７５５人もの中国人学生が留学中であったのに対して、中国国内の大学へは2万3838人の米国人学生が留学していただけであった。

ＡＩへの設備投資や、誰にも引用されないディープラーニング論文の量産で中国が米国を追い抜いたという宣伝と、「先端的ＡＩ理論の発明と技術総力では米国が断然に突出して世界をリードしている」現実とは、単純に両立する話なのだ。２０１７年時点で、中国のＡＩプロが総勢5万人なのに対し、米国は85万人を誇っている。

それに対して中国は、まだ研究途上の段階にある半熟な国産ＡＩシステムであっても、中共政府が製品の積極的な買い手となり、また中共政府が特定企業に資金を保証してやることで、外資を排除しつつ、人権を無視して人民をモルモットにしながら実用化を進めてしまえるというところに、米国や西側諸国には真似のできない強みがある。

中国バージョンのＩＴ企業と、中国バージョンのＡＩ企業は、中共中央の《警察経済政治》と同衾(どうきん)することによって楽々と資金を集め、巨大化し、ライバルの「非国策企業」を排除することができる。

この構造は、ＡＩに先立つ「ＩＴ」産業界に、すでにハッキリと現れていた。

中央政府とIT大手企業の癒着構造

わが国にやってくる中国人の観光客は、空港でイのいちばんに「財布」を買い求めねばならないとボヤく。日本国内ではスマホによる「モバイル決済」は、中国の都市部ほどに一般的ではないからだ。

中国の中流所得層は、伝統的な「現金決済」の時代から、米国式の「カード決済」の段階を経ることなく、一足飛びに「モバイル決済」へ移行した。

これをもって「日本の後進性」と呼ぶ人がいるが、正しいだろうか？

中共政府の税収の主柱は、増値税（日本の消費税に相当）なのだ。海外旅行ができるほどに豊かになった中流所得層が、いつまでも現金決済を選好していたら、徴税の確実はおぼつかない。市中には大量の贋札も流通していた。

つまり脱税を摘発したり贋札犯等を取り締まるコストには堪えられそうにない中共政府が、間接税帳簿がオートマチックで漏れなく作製されるような「モバイル決済」を政策として奨励し、なかば強制しているというのが真相だ。歴然たる経済警察政治の一環なのだ。

政府にとっての間接税の大メリットとして、増徴するのが楽である。中国の増値税率は17％

と高い。けれども、誰も文句を言わない。担税感が無いからだ。わが国の財務省が、こうした中国のモバイル決済経済を、天国のようだと羨むというのならば話はわかる。しかし、消費税率を10％に上げられるのも迷惑だと感じている日本の庶民が、なんの理由から中国システムを褒めるべきなのか？

２０１８年９月の胆振東部地震の直後の北海道や、同年10月の台風24号に通過された静岡県西部では、大規模停電のために携帯電話通信や商店の「カード読取端末」が使えぬ事態が報告された。

中国と違って贋札犯を排除できている先進社会の現金決済システムは、非常時の人々のリスクをほどほどに抑制し、スマートフォンを通じて政府から生活を監視されない自由も保証しているのだ。

アリババ集団の非接触式QRコード決済システムである「アリペイ」は、日本には2017年にようやく進出を果たした。しかしまだ牛丼の代金をスマホで決済する日本人客は稀だろう。（写真／兵頭二十八）

アリババ会長にすら自由は無い警察大国

ペンタゴンのＡＩプロジェクト「メイヴン」は、日々厖大なデータが世界中のＩＳＲ（情報収集・監視・偵察）端末から集積されているのに、それが人手不足のためにロクに分析されずにひたすら蓄蔵される一方である現状を打破すべく、ＡＩに画像分析官の仕事を代行させてやろうという、野心的な計画だ。

が、シリコンバレーの中には、それに協力しましょうと手を上げる若手技術者がほとんど見つからないために、船出に四苦八苦しているという。

国防総省から周旋を請け負ってこのプロジェクトへの参加を業界に呼びかけている軍事ＡＩ事業コンサルタントのＴ・ステフェンス氏は、18年10月に軍事メディアの取材に答えて、米中の特定技術分野育成流儀の違いをわかりやすく説明した。

彼いわく。

ペンタゴンは、新技術分野を育成するための予算がもし1億ドル得られたなら、それを25万ドルずつの４００枚の小切手に分割し、４００社のベンチャーにばら撒く。……そんな感じの助成策を採用している。

えこひいきなしに、均等に参入機会も与えているわけだ（これだと、無能な大企業が予算をぜんぶ吸い取ってしまう、日本式「天下り」の弊害も回避できるのだろう）。

しかしステフェンス氏は、それでは中国には負けてしまうと言う。なぜなら25万ドル程度では、おそらくほとんどのベンチャー企業は、新案の製品化にまで漕ぎ付けるより前に資金が尽きてしまうからだ。

対する中共のやり方はどうなのか？

儒教圏では「法的な公平」などという価値観はハナから無視できる。政府（共産党・警察）が特定の企業だけを指名して特権を与えることができる。もちろん見返りが伴わねばならない。特権の対価は、生涯にわたる「不自由」である。

育った環境から、あまり政府の役人は好きではなかったジャック・マー（馬雲アリババ集団会長。1964年生まれ）は、一代にしてアジア一の富豪となることができたが、その代償として、もし中共の大方針に楯衝けば、いつなんどき、公安部の手先によって海外の観光地で頓死をさせられぬとも限らない。

中共や地元（浙江省）警察に目をつけられないようにと、まだ50代前半の気力絶倫のときに、アリババ集団の会長を辞任しなければならなかった。それがご当人の本志であるはずがあろうか？

だが、これが中国で商売する者の宿命なのだ。

中国においては、重要産業分野ごとに、最初から政府が、有望そうな1、2社だけに見込みを絞り込んで、そこへ巨大な資金が行くようにビジネスを設定してやる。

すると内外の市場は、「中共政府が某社を育成する肚を決めた」というサインを受け取る。あとは、われもわれもと民間の便乗投資家が吸い寄せられて来るわけだ。

こうして中国では、どんな会社でも、政府が欲する方向の技術力と、中共幹部への忠誠とを示せば、開発資金には不足しないで済む。

しかも、開発したシステムを、民衆のプライバシーを乗り越えてさまざまに利用することについての規制は緩い。

たとえば、アリババやテンセントといった電子商取引のプラットフォーム企業は、個人ユーザーが入会登録したさいのデータや、その後の売買や商品検索の記録等をすべて照合することによって、任意の特定個人の性格と生活につき、本人の家族よりもよほど詳しい解析が可能である。

その情報は警察当局も歓迎する。たとえば、平均よりも多数の書籍を買って読んでいる消費者は、公安部の眼には、それだけで、潜在的反政府分子として、監視対象にする価値があるのだ。多くのガソリンを買った者も、公安部の監視対象者リストに登録されるという。

かたや警察は、すべての個人についての「犯歴」のデータを持っている。逮捕や取調べをするまでには到らなかった、ありふれた脱法的なふるまいや粗暴な行為の記録までも、街角の監視ビデオの厖大な録画記録の中から、すべて名前付きで抽出できる（顔認識AIを使う）。仔細に検分したら、そこには、闇社会との接触や、反政府活動の証拠なども、映っているかもしれない。それらのデータは、個人の社会信用そのものであるから、大手ITプラットフォーム企業が、ネット金融業に乗り出そうというときには、とても重宝する。債務をきっちり完済しそうにもない個人は、あらかじめ、はじいてしまうのに越したことはないのだ。

こうして、中国のITプラットフォーム企業は、商売の規模が大きくなればなるほどに、警察（共産党）との「同衾」関係を深めて行かざるを得ない。最初は零細なベンチャーとして起業されたアリババ集団も、ある段階からは、そうなっているのだ。

ある一国の個人のプライバシー（特に金融信用）がまる裸であるとしたならば、与信の審査などはAIにまかせて1秒足らずで完了してしまうのにも、不思議があろうか。

IT企業と警察のおかげで、中国で経済の合理化がスピード化され、事業家が資金を集めやすく、技術が急速に発達するのは、むしろあたりまえであろう。

先述のステフェンス氏は、「もし1億ドルの育成資金が中共政府にあるのなら、それを2500万ドルの小切手4枚に分け、4社に対して資金を与える」と対比的に表現するのだけれども、じっさいには北京政府が自腹を切らなくとも、アリババ集団のような先行して肥った大資本に、非公式に圧力を及ぼして、最初の資金協力をさせればよいわけである。

たとえば顔認識技術をもつＡＩベンチャーのセンスタイム（商湯科技。北京）には、アリババから最初に数億ドルの資金が与えられて、中共中央のおぼえめでたく、急速に成長中だ。……が、果たしてそれは、アリババ会長のジャック・マーが好んでした投資であっただろうか？

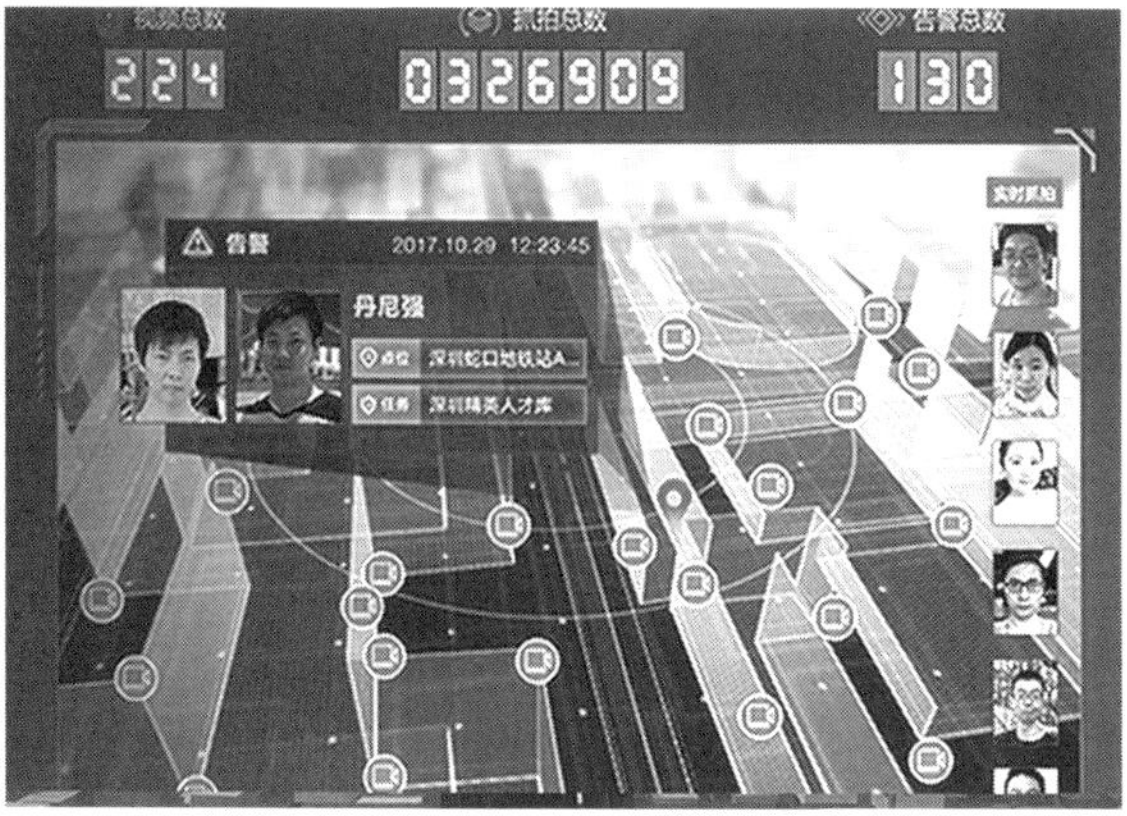

目が良い野鳥ですら、仲間を「誤認」することがあるそうなので、ＡＩ顔認識システムが「人違い」をやらかすことは不思議ではない。米国のある実験では、犯罪者のマグショットと連邦議員の顔写真が何度も「同一人」認定された。写真は中国の新興ＡＩ企業SenseTime社の顔認識技術の一端。（写真／sensetime.com）

センスタイム社は、アリババにとっては、電子商取引サービスの手ごわいライバル企業になりかねない相手だ。それをわざわざ育ててやって、誰が得をするのか。

中国公安部と中共中央である。中国人民14億人を政府がテレビカメラで監視し個人識別するためのＡＩサーベイランス・システム「天網工程」の開発と普及に、センスタイムが貢献している。

もしかするとアリババ集団の方は「天網工程」への協力に冷淡だったかもしれない。しかし当局が《大きな会社には大きな責任がある》といった殺し文句で、会長ジャック・マーを圧迫し続けたのならば、馬雲氏としては資金協力する以外に、何ができただろうか？

第2章　「AIに賭けるしかない」中国の事情

変えられない民族の秩序観

この世に「対等の他者」など絶対に認めない儒教の総本山の継承者として中国共産党は、「いつかはアメリカ合衆国を軍事でも経済でも超克せねばならない」という長期的な信念を一貫して保持している。それはいかにも野望に見えるが、彼らの自然な使命感なのである。

アメリカ人は何世紀ものあいだ、儒教圏人の秩序観がなかなか理解できなかった。が、近年、経済交流と人的交流が非常に進んだおかげで、次第々々に、中国人の表面とは異なった裏面の考え方を知るようになった。

中国人の胸中には、常に、消えることのない「克米」の感情が、確乎として秘蔵されているのだ。

たとえばの話、もしも先の大戦直後に蔣介石が国共内戦に勝利し、南京を首都とした「中華民国」が引き続いてシナ大陸の覇者であったとしても、結局いつかは、いまとほとんど同じ「米中対決」のムードを呈したであろう。

対等の他者の存在は、儒教圏人には我慢がならないのだ。他者は、皇帝のように目上であるか、奴婢（ぬひ）のように目下であるか、どちらかでなくてはならないと彼らは考える。2千年前に彼らはそう考えていた。そしていまも、そう信じている。したがって、近代的な「法の下での平等」は、彼らにはとても居心地が悪い。居心地は悪いけれども、生存のための一時的な便法として、彼らは近代世界に対応したような演技だけは学ぶのである。

1989年の天安門事件は、レーガン政権時代の、米国から中国に対する気前のよい軍事技術贈与を、いっぺんに終了させた。

この事件では、天安門前広場の周辺から、数千人にのぼる学生の死体が消えた。いまだにその死体の行方は知られず、その姓名すらも明らかではない。また、その殺害に直接関わった将兵の証言は、ただのひとつも外部へ漏洩していない。

北京政府はこの大掛かりな弾圧スキャンダルをなかったことにしようとしたが、偵察衛星と通信傍受により「大虐殺」を確信した米国政府は、それにつきあわなかった。

そこで1990年代に中国は、産業スパイを含む、合法・非合法なあらゆる手段を尽くして、広範な技術分野で米国に追いつこうとする路線を走り始める。

多くの分野で、留学生とスパイたちの努力が実った。しかし、20年経っても米国にはまったく追いつけそうに無い分野があることも、理解されてきたのである。

そのひとつが「経験工学」の分野だった。

いまだに量産できぬ中国版「F-22」戦闘攻撃機

2018年11月6日から11日にかけ、広東省の珠海市で「第12回中国国際航空航天博覧会」(航空宇宙エキスポ／航空ショー)が開催された。2年に一回のこの大イベントを晴れ舞台として、中国空軍は是非とも「殲20」ステルス戦闘攻撃機の量産型を、世界にお披露目したいところであった。同機の試作初号機は、2010年から知られている。

2018年時点で、在日米海兵隊と航空自衛隊はすでにF-35戦闘機の導入を済ませ、配備が始まっていた。さらに韓国もこの18年からF-35を取得し始めるという予定表が、前から公表されていた。

2016年の中国航空ショーに出てきた２機のプロトタイプの「殲20」戦闘機。それから２年が経ったが、いまだにプロトタイプしか存在はしていないようだ。（写真／Wikipedia）

そろそろ「中国軍にはそれに対抗できる新鋭機が増えているぞ」という宣伝が、内外向けに必要だった。中国空軍の創設記念日も11月。晴れの舞台に量産型「殲20」を地上展示し、さらに多数を編隊で次々とフライパスさせれば、来場者は感銘を受けてくれるだろう……。

だが、航空ショーが閉幕するまでに、別な空軍基地から飛来して展示会場上空を数分間だけ飛んでみせたのは、あいかわらず、ロシアから少数を輸入し得た「ＡＬ-31」という比較的に力の劣ったエンジンを搭載した、2011年からあるプロトタイプの「殲20」にすぎなかった。

中国空軍は、ロシアが中国メーカーによる「リバース・エンジニアリング」（分解して部品をすべてコピーする違法ビジネス）を警戒して、最新鋭エンジン等の少数輸出になかなか応じなくなったことから、2010年から15年にかけて237億ドル相当の資金を国内メーカーに与え、「殲20」用の高性能エンジンを国産開発させている。それが「WS-15」なのだが、「完成した」というアナウンスだけは何度も出されていながら、じつはいっこうに量産はできてない模様である。

どうやら、軍用のハイパワー・エンジンを軽量するための決め手となる「単結晶焼成タービンブレード」が、中国メー

米空軍と航空自衛隊のF-35Aも、写真の米海兵隊用F-35Bも、じつはまだホンモノの空戦や対地攻撃のために出撃したことは一度もない。機能を欲張りすぎた制御ソフトと兵装のマッチング・テストが依然として終わっていないのだという噂も聞こえている。しかし「宣伝がすべて」の中国軍は、西側の最新鋭機を極度に意識して、いちいち対抗宣伝を打つのに躍起だ。（写真／US Navy）

戦後にドイツ人技師多数が流れ込んだブラジル航空産業界が、第２次大戦最優秀戦闘機「P-51」をターボプロップ発動機でリメイク……という趣きの多用途軽攻撃機「スーパー・ツカノ」。小型高性能の発動機技術が中国に無かったのは幸いだった。こんな機体が量産されて無数の「有人機スウォーム」戦術を採用されていたら、尖閣諸島もとっくに征服されていただろう。（写真／Defense Dept.）

カーには、いかにしても造れないらしい。AIは、モノをこしらえては、くれない。モノをこしらえられるのは、AIではないのだ。

米連邦司法省は、中共公安部の幹部2名を含む一味徒党が、米仏共同開発中の最新鋭ジェットエンジンの秘密を、シナ系の社員をそそのかすなどして盗取しようとしたとして、18年10月30日から立て続けに起訴した（最高幹部2名の身柄は未拘束）。このタイミングは、11月6日から始まる珠海航空ショーにピタリと合わせたもので、米政府は「中国空軍の技術部門が今、何にいちばん困っているのか、すべて摑んでいるぞ」というメッセージを発した。

「殲20」のメーカーとしては、国産エンジンが完成する目処が立っていないのに、機体ばかりを先行して量産するわけにはいかない。

「WS-15」エンジンができあがらない場合は、ロシアに再び交渉して、大量の「AL-31」の完成品を追加輸入しなければならないかもしれないからだ。

エンジンが何になるのかという差異を無視して、機体だけさっさと細部まで仕上げてしまえるものではない。細部はどうしてもすり合わせが必要なのだ。

旧ソ連の「ツポレフ16」を中国独自に改造したのが「轟6」爆撃機だ。電子装備は進歩を遂げたものの、エンジンはいまだにロシア製。射程300kmの超音速対艦ミサイル「YJ-12」を吊るせば、近海の米軍艦を脅かせるが、それには電子妨害が是非とも必要だ。そこで2017年から空中受油装置を取り付けた新型が現れた。巡航ミサイル「CJ-10」が沖縄に着弾するまでの間、日米両軍のレーダーと通信を混乱させたいのだろう。（写真／Kevin McGill）

「AL-31」エンジンの追加輸入交渉は、もし始めるとしても、契約書の締結まで数年がかりになるはずである。そして納品まではさらに1年以上、待たされるだろう。もし「AL-31」のライセンス生産を中国が望むならば、さらに交渉は長期化するのが必定で、それにプラスして、製造ラインの準備時間がまたかかる（1年以上だろう）。

なにしろこれまで中国メーカーは、ロシアから少数のサンプルだけ輸入した軍用機用エンジンを、勝手に模倣製造して、それをロシア製兵器のユーザーであった諸外国へ売り込むというふざけた「掟破り」を幾度も重ねているから、最初からフレンドリーに話が進むわけがない。

このままあと何年もエンジンが決まらないとなったら「殲20」の量産機デビューはいったいいつのことになるのか、わからない。

真相を隠して宣伝映像だけで国民を騙し続けるのにも、やがて限界が来る。中国空軍の首脳部は、頭を抱えているはずである。

対潜ヘリコプターも見掛け倒し

経験工学についてもうひとつ、わかりやすい例を示そう。軍用ヘリコプター用のエンジン（ターボシャフト・エンジン）だ。

今日のＡＳＷ（海軍の潜水艦狩り作戦）では、駆逐艦の後甲板から垂直に発進させて運用できる「自重10トン・クラスの対潜ヘリコプター」が、敵潜を追い詰め、トドメを刺すまでの重要な活動を担任している。その代表機種として、わが海自も採用している米国製のシーホーク（ＵＨ-60ブラックホークの海軍版）や、欧州の駆逐艦が艦載する「ＮＨ90」がある。

ところが中共海軍には、このクラスの使える自国製の対潜ヘリが、全く存在しないのだ。代わりに、ずっと軽量の「直9（Z-9）」という系列があって、しかたなしに駆逐艦に搭載をしている感じなのだが、その自重はわずか4トン。そこまで軽量な機体では、連絡飛行や観測飛行は可能だろうが、全天候環境での対潜作戦までは担任し難い。

エンジンが非力で、必要な高性能コンピュータやセンサー類や夜間用航法装置や通信機や兵装や燃料（滞空時間を左右する）を、同時に抱えて飛び上がることができないためだ（むろん、宣伝映像上ではなんでもやれている風を装わねばならないことは、彼らの義務である）。

10トン・クラスの対潜ヘリを中国が国産できていない理由だが、これもやはり、ヘリコプター用エンジンがシビアな「経験工学」の集積体であるということに尽きている。

ふんだんに資金を投入できるならば、ほとんど経験を積んで来なかった中国メーカーでも、西側の10トン級新鋭ヘリコプターの外見を模倣

センサーの塊であることがよく分かる、海自の厚木基地内で整備中の「SH-60 シーホーク」。各種データ解析用のコンピュータも重く、電力供給もまた必要だから、エンジンの馬力はいくらあっても足りないほどだ。（写真／兵頭二十八）

することは可能だ。が、軽量にしてハイパワーを出さねばならないターボシャフト・エンジンの性能を模倣することは、いくら巨費を投じようとも、無理なのだ。

西側先進メーカー内部、そしてメーカーと提携した周辺業界内でも錬磨され伝承されてきた、すみずみまでの経験智（それは「時間」であるともいえる）は、カネを積んでも買うことができない。サイバー・ハッキングでいくら蒐集に努めようとしても、実体化ができない。ＡＩ

高性能の国産ターボシャフト・エンジンを入手できない中国陸軍は、いつまでも米陸軍の「アパッチ」に相当する10トン級の武装ヘリが持てないことに苛立つ。写真下の「直19」は、カナダの会社からエンジンのライセンスを買い、５トンの機体に無理に武装をさせたもの。しかしデモフライトから５年経っても10機しか納入されておらず、その前に試作された写真上の「直10」武装ヘリと同様に、明らかな失敗作だ。（写真２枚とも／Wikipedia）

も、水や空気から精密機械をこしらえてはくれない。

かくして、ヘリコプター用のエンジン分野では、端的に、これまでも、また、現在でも、欧米メーカーの技術改善速度が、中国メーカー（や、ロシア・メーカー）を引き離し続けているのだ。

これがたとえば、戦車のエンジンだったらどうか。いくら純国産エンジンの調子が悪く、機動力にさしつかえる性能であったとしても、戦車は空から「墜落」することはない。同様、固定翼輸送機のエンジンも、それがいくら低性能であったとしても、向かい風と主翼が「揚力」を稼いでくれるから、滑走距離を伸ばせばなんとか離陸ができるだろう。

ところがヘリコプターになると、もしエンジンが非力だったなら、そもそも飛び上がることができない。エンジンこそは、ヘリコプターという全体システム設計の出発点となる入り口であり、まさに心臓部分である。高地や熱地・真夏など、空気密度がちょっとでも薄くなれば、

小型で強力で整備性の良いエンジンが、小型で強力で整備性の良い対潜ヘリコプターを実現する。おかげで『すずなみ』のような汎用護衛艦すら、高性能なＳＨ-60を１機格納して運用できるわけだ。中国海軍は、なかなかこの段階に達することができないでいる。（写真／兵頭二十八）

ますます運用条件がシビアになるから、どうにもごまかしなど利かせられないのだ。

レーガン政権時代、米国は中国に、ブラックホークの民間版を若干機、輸出してやったことがあった。とうぜんのように中国の航空産業界は、このサンプル機体をバラバラに分解して、営々と、全部品の精密模倣に挑戦してきた。

「リバース・エンジニアリング」が済めば、「直20F」という国産の対潜ヘリも創られるはずであった。が、いまだにそれは完成をみていない。

完成したとしても現在のブラックホーク／シーホークは30年前から段違いに高性能化している。海上自衛隊の優越が脅かされることには全くならないだろう。

そもそも中共海軍には、「直20F」を搭載して運用できるようになっている駆逐艦も、事実上、ゼロだ。まず1万トン以上の新鋭駆逐艦（巡洋艦）の上構設計を、大きく変える必要があるのだ。

かくして、いまの中共海軍で唯一、ASWに役立てられそうな対潜ヘリコプターは、ロシアから完成品として輸入をしている少数の「カモフKa-28」だけである。

同機は自重が13トンある。この寸法になると、駆逐艦の後甲板から運用しようとするのは難しく、空母や強襲揚陸艦のようなフラットデッキ艦か、陸上基地から飛ばさなければならない。

また「Ka-28」はシステムまるごとの輸入品であることから、中国メーカーが対潜用のセンサーを自主開発したとしても、それを本体のシステムに結合させることは容易なことではない。これはすなわち、敵（米海軍や海自）について得られた最新の知見を武器システムにすぐ反映させて行くという「アップデート競争」を、最初から諦めるしかないことも意味するのだ。

だから中国はAIに賭けるしかない

もういちど確認しよう。戦闘機エンジンや正規空母、高性能潜水艦等が象徴する在来型の兵器は「経験工学」の世界に属している。

いくら潤沢な資金を用意できようとも、過去の全時間、すなわち蓄積され継承されている微細なノウハウまでは、贖うことはできない。

このため戦闘機や空母艦隊、潜水艦戦力等で米軍を凌駕する日は永遠に来ないと、理工系の素養がある中国共産党指導層は、しっかり理解できている。

他方で、AIは、経験工学に属していない。

だから、世界の第一線レベルの研究者を、短期間で育てることが、可能である。

そして、一夜にして天才的なプログラマーが米国を圧倒するソフトウェアを発明してくれるという可能性も、ＡＩに関しては期待してよい。

教育済みの若い人材のマンパワーで米国に優る中国にとり、ＡＩ一点張りの投資指導が、すこぶる合理的なわけである。

ただし念のため再び注意を促しておけば、ＡＩには、経験工学上の時間ハンデを、単に上からふりかけるだけで解消してくれる「魔法の粉」のような働きは、期待ができない。水や空気から重い機械装置を創り出してはくれない。

むかしハイマン・リッコーバーが、どこにも存在していなかった「加圧水型原子炉」を試作させて世界初の原潜『ノーチラス』を走らせるまでの奮闘に次ぐ奮闘、そしてそれを引き継いだ米海軍将兵が過去数十年間、その原潜や空母に搭載した数十基の動力用原子炉に一度の大事故も起こさせていない、そうした偉大にして地道な努力なくして、経験工学兵器システムが大成することはない。

そして、それだからこそ中国は、ＡＩが、唯一、米軍に対抗しうる分野であると見定めて、ますます最優秀の人材をＡＩ開発だけに集中するしか、米国とわたりあう方法はないのだ。

第3章 米中は「ソフトウェアカーテン」で互いを締め出す

「新OS」で「第二のビル・ゲイツ」を夢みる新企業

中国から日本に対して「AI分野で共同開発しましょう」とか、「共同研究しましょう」といった呼びかけが、時としてあるようだ。

これを真に受ける人々は、二重の「罠」にはまるであろう。

IT／AI業界には、何か優れた新案を、いちはやく完成し、いちはやく特許を取り、いちはやく普及させて「国内標準」化、さらには世界のデファクトスタンダード化しおおせた起業家が、誰でも、次のビル・ゲイツ（1994年以降、十数度にわたり世界一の富豪にランキングされている、マイクロソフト社の創立者）になれる機会が、ころがっている。

１９８０年代にわが国にパーソナル・コンピュータの普及の大波が押し寄せたとき、一般消費者の選択は、アップル社の基本オペレーション・ソフトで動作するマッキントッシュ系列か、さもなくば、マイクロソフト社の基本オペレーション・ソフト（当初はＭＳ‐ＤＯＳ、そのちはウインドウズ）の上で動作する諸系列（ＩＢＭ、ＮＥＣ、エプソン……etc.）の、ほぼ二つに一つしかなかった。

マイクロソフト社は、インテル社やアップル社のようにハードウェアには手を出さず、ＰＣ用の基本ソフトと、抱き合わせの汎用事務系ソフトでアメリカ市場を速やかに制覇。すぐに世界の自由主義市場は席捲された。

そうなっては、圧倒的な共用利便性（すなわちサードパーティからリリースされるオフィス用ソフトやゲームソフトの豊富さ）のゆえに、旧ソ連や中共、反米的なイランや北朝鮮の公務員系のユーザーたちですらも、甚だ不本意ながら、ＭＳ‐ＤＯＳやウインドウズを頼りにし続けるほかはなくなったのである。

独占禁止法には抵触しないで、合法的な「独占」「寡占」ができてしまうというところが、この基本ソフトウェア・ビジネスの旨みだろう。

同様の、基本ソフトウェア支配による市場独占競争が、スマートフォンのＯＳに関しても起きている。こちらでは、先行したアップル社の「ｉＯＳ」に、グーグル社（当時）の「アンドロイドＯＳ」が追いついて、以後、この2系統で世界市場がほぼ寡占されている。

いったん、自社発明の基本ソフトで世界市場をなびかせてしまえば、以後何十年にもわたり、権利料を世界人類から徴収できる仕組みができあがる。誰でも、一代にして大富豪・大企業に成り上がれてしまう。

だが、それだけではない。

ある企業の開発した基本ソフトによる事実上のグローバル市場制覇は、その企業に、他国を知的財産権によって拘束・支配できる可能性や、他国の私人や法人の情報を「物のインターネット」を通じて吸い上げて、他国の秘密をまる裸にし、世界じゅうの個人の全生活に随意に干渉する力までも、与える可能性がある。

たとえば、アメリカ合衆国の企業が普及させたソフトが、中華人民共和国の住民の全人生を監視できたり、あるいはその逆に、中華人民共和国の企業（そこには共産党がしっかりと入り込む）が普及させたソフトが、アメリカ合衆国の住民の全人生を把握できるという「常態」を、どちら側であれ、政府と国民が、甘受できるだろうか？　もちろん、そのソフトのユーザーである限りは、全国民が、他国企業のために厖大な権利料を貢ぎ続けるのである。

……忍び得るわけがないだろう。米中のどちらも、敵国のソフトウェアによる「被支配者」

の境遇へ落ちることなど、拒否する。

90年代から2000年代にかけて、中国マネーのおかげで億万長者になれたアメリカの投資家がいかほど残念がろうが、犬の遠吠えだ。

今後、米中両国は、ソフトウェアと知的財産のバリアーを厳重にめぐらし、IT／AI関連分野の技術と商品に関しては、互いに互いをとことん排除するしか道はない。資本交流も、人的交流も、情報交流も、遮断に向かうであろう。

そして、IT／AIと無関係な商品や研究などは、もう考えにくいご時世なのであるから、米中は、経済的にはCOCOM（対共産圏輸出統制委員会。1950年〜94年）時代に逆戻りする。

この政策は、アメリカにとっては「権利章典」（基本的人権）の防衛の問題になるので、もはや投資家などの出る幕ではないのだ。米国指導者層のうち、安全保障政策立案グループは、この方向でコンセンサスをまとめてしまったところだろう。それが表出したのが、2018年10月4日のペンス副大統領による、歴史的な中国弾劾演説であろう。

これから米中間に、透過を禁ぜられる「ソフトウェアカーテン」が構築されて行く過程で、日本国内の企業や研究所はすべて、そのカーテンの中国大陸側にいるのか、米国側にいるのか、米国政府から詰問されずにはおかないだろう。

ＡＩ開発で中国との提携に深入りしていた日本の法人や私人は、米国市場からは切断され、中国側からは、完全な奴隷の身分を受け入れるように迫られる。この「二重の罠」から、無傷で脱出できたら、大したものだろう。

「ロボット運転カー」をめぐる外交シミュレーション

もし、米国内の一企業——いま仮にA社と呼ぶ——が、ソフトウェアの独自の工夫によって、自動車の「ロボット運転」を一挙に革命的に安全かつ実用的にしてしまったとしよう。その商品はA社により「ＮＤＳ」（ニュー・ドライブ・システム）と名付けられたものとする。

さて、そのとき、中国国内のB社も、「ＮＤＳ」にかなり迫る性能のソフトウェア「ＣＮＤＳ」を、どうやら独自に完成していることが確かめられたとする。

この場合、A社や米国商務省は、「ＮＤＳ」が中国市場を含めた全世界のロボット自動車市場のスタンダードＯＳとなるように、あらゆる術策を尽くして全力で売り込むことになる。

なぜなら、ぼやぼやしていれば、「ＣＮＤＳ」搭載の中国製の安価な自動車が第三世界にダンピング輸出され、さらにB社が「ＣＮＤＳ」を日本や欧州の自動車メーカーにもタダ同然で売ってやることで、世界のシェアをいちはやく固め、デファクトスタンダードの地位を先に築いてしまうかもしれないからだ。

もしそうなれば、もはや世界のどの自動車メーカーも、「ＣＮＤＳ」を搭載しない自動車を、国内外で販売しようとすることは、最初からまるで無謀な努力となってしまうに至るだろう（たとえるなら、ウインドウズが占領したホーム用ＰＣ市場に、Ｕｎｉｘ系ソフトをカスタムした特殊な事務機を売り込もうとするようなものだ）。

やがて、Ｂ社が主導的にシステム・アップデートを重ねるにつれて、全世界のユーザーが、Ｂ社に「知的財産使用料」としての上納金を貢ぐ構造が長期にわたって固定してしまう懸念もあるわけだ。

もちろん、システム・アップデートの合間に、自動車ユーザーの個人情報を無断でこっそり集めることも、Ｂ社や中国共産党（とうぜんにＢ社に出資していて、保護・監督し、重役も天下らせている）には、簡単にできてしまう。

「物のインターネット」が道路交通関係にも広く普及する将来、メーカーや運輸当局や警察は、特定の私有車が蓄積しているいろいろなデータ（操縦操作履歴や車体の移動記録、ドラレコ映像やそれに付随した車内発話音声）も、いつでも無線で「吸い上げる」ことができるのだ。

こんな事態を、アメリカ合衆国政府の安全保障政策立案グループが、認容できるわけがあろうか？

米政府は、自国内だけでガラパゴス的に通用する恣意的なレギュレーションを立法化してでも、「CNDS」搭載車の米国内運行は厳禁し、米国内では「NDS」搭載車以外は1台も輸入販売を許さず、個人で所持することも違法化するに違いあるまい。

フォード社が10億ドルも出資している「アルゴAI」社は、2021年までに「オートノマス車」、つまりロボット運転タクシーを実用化させるつもりだ。センサーには、カメラ、レーダー、レーザーのすべてを用いるという。おそらく最後の難題は、とつぜん「2殺択1」状況に直面したとき、AIに誰を救うことを優先させるように教えておけばいいかという、広義の「トロッコ問題」であろう。(写真／Ford motor company)

次に、上記とは違った状況を考えてみる。

米国企業のA社が「NDS」を完成したときに、米商務省が見回したところ、「NDS」のレベルに匹敵する「ロボット運転カー」の基本ソフトを開発できていそうな企業は、中国も含めて、世界中のどこにもないと確かめられたとしよう。

この場合、アメリカ合衆国政府の安全保障政策立案グループは、そのソフトウェアを軍事機密扱いにして囲い込み、国内での販売と実装は許しても、輸出や、国外への持ち出しを、原則として禁じてしまうかもしれない。

なぜなら「ＮＤＳ」は軍用車両の無人操縦も可能にしてくれる、国家にとっての戦略的なアドバンテージになるからである。たとえるなら、１９５０年代における米国の「軽水炉型」商用原発の設計図のようなものだろう。

私企業が、いくら核兵器製造には転用のし難い安全な原発だからといって、その技術的ノウハウをみだりに潜在的な敵国にまで売りまくれば、やがて米国や西側自由主義諸国の将来の安全は危うくされかねない。まして自動車は、原発よりもはるかに密輸入がしやすいアイテムである。

「ＮＤＳ」を手にしている軍隊は、それを持っていない他国軍と戦場で対決したときに、圧倒的に有利であることは想像がつこう。米国だけが「ＮＤＳ」を手にしている状況を、米政府は「安全だ」と考え、できるだけ長くエンジョイしたいと願うはずだ。

ここで、ロボット操縦自動車ソフトに関して米政府が脳裏に思い描いている戦略的「ゴール」も想像してみよう。

おそらくそれは今の「ＧＰＳのあり方」のようなものではなかろうか。

米政府は、特定の同盟国の軍隊には、軍用の最も精密なＧＰＳ信号（暗号化されている）の利用を特別に許し、そうでない国や地域には、商用精度の信号（暗号化されていない）の利用を開放している。ただし、米国と今にも交戦状態に入りそうな敵国に対しては、その地域へのGPSサービスを予告なしにとつぜんに全面的に停波させてしまうという戦術的な操作が、随意に可能である。

「NDS」のソースコードには、ユーザーには知りえない「バックドア」を設けることができるだろう。アメリカに急に敵対し始めた某国の輸送トラックや装甲車がもし「NDS」搭載仕様車であったなら、米政府は、米軍にとっていちばん都合のよいタイミングで、その運行を停止させてしまうコマンドを、バックドアを通じて無線で遠隔的に送り込むこともできるように、あらかじめ、しておきたいであろう。

以上の説明を、納得していただけたなら、あとは言うまでもないことだと思うのだけれども、もしも米政府が米国の特権財として「NDS」を囲い込もうと決断するときがきたら、もはや同盟国への実装車輸出すら厳重に統制されるのであるから、まさにかつてのCOCOMの強化バージョンが蘇ったようなもので、もはや米国メーカーはいわずもがな、日本やドイツのメーカーであっても、中国での「現地生産」などはもってのほか。中国側と人的交流することも、許されなくなるだろう。それをやった企業には、あの「東芝機械」(COCOMで禁じられていることを承知で、ソ連に同社製の9軸制御NC旋盤とそのソフトを違法に輸出したことが、米国からの通牒で1987年に発覚し、関係者は裁判で有罪となった)のような暗転が待つ。

概括すると、要するに、中国か米国、どちらかの市場は、他の世界市場に対して、閉ざされる。「はじめに」で紹介した李開復が予言しているように、世界のロボット自動車市場もまた、米国型「NDS」仕様か、中国型「CNDS」仕様かのどちらかの陣営に自主的に専属することを、戦略的に決定して誓わなければならなくなるはずである。

もちろんわが国として「CNDS」陣営を選べる道理はない。

そうとわかったら、日本の経営者や投資家は、いまから中共市場を捨て去る準備をしておくのが、賢明ではないだろうか。

第４章　「アメリカ宇宙軍」の創設で米中の軍事バランスは変わるか？

空軍は大ショック

２０１８年６月、「全米宇宙会議」に臨場したトランプ大統領は、げんざい米空軍が予算も運用も仕切っているアメリカ軍の宇宙部門を、空軍からは切り離してしまい、陸軍や海軍や空軍と横並びの独立した軍種＝「米宇宙軍」にするという決意を公けに声明した。

その措置には、新たな法案を連邦議会が定めてくれる手順が不可欠であるゆえ、とうてい即座に機構改編が実行されるものではない。が、トランプ氏としては、自己の１任期目が尽きる

2020年までには是非とも既成事実化してしまいたい肚であることは明らかだ。その宇宙軍が存続する限りは、トランプ大統領の名前が折々、人々の記憶に蘇ることとなるわけである。

ところで合衆国軍隊には、米海兵隊や米沿岸警備隊も包含される。しかし、文民の「長官」が政権から指名されるのは、陸海空軍だけだ。

すなわち「海兵隊長官」というものは存在しない。だから海兵隊の予算要求は、建前上「海軍長官」を通じて政権および議会に訴えるしかない。海兵隊は、いわばいつまでも海軍からおこづかいを貰い続ける、海軍の子供のような扱われ方なのである。同様、沿岸警備隊にも専任の文民長官は据えられないで、いまは本土防衛省長官がその任を兼ねている。

それらと比べ、こんど新設される「宇宙軍」は、文民の「宇宙軍長官」を戴くことになるはずだ。もはや「空軍長官」に予算をお願いする必要はなくなる。軍種としての格がこのうえなく高い。

おそらく米空軍にとり、これは1947年9月に「米陸軍航空隊」から組織が分離独立を果たして以来の、大激震になるだろう。

というのは、過去に米軍の航空兵備体系を、特にコストを重視して合理化しようとしたマクナマラ国防長官（ケネディ政権～ジョンソン政権）や、カーター大統領らは、いずれも政権が共和党に交替したとたんに方針がもとにもどされ、空軍の「有人航空機至上主義」はまったく安泰であった。だがそれらの前例と異なり、こんどの「宇宙軍」の創設は、米空軍の予算権力そのものを不可逆的に削ぐのである。とうとう空軍の年貢の納めどきがやってきたのだ。

「受け太刀」にまわる空軍

ドナルド・トランプ氏は、2016年(大統領選挙の年)以前から、国防予算をなんでも増やせ——という主張はしていなかった。

いかにも海軍の艦艇については、とにかく隻数を増やせばよしと思っている節があるものの、目立つ航空兵備——「F-22」戦闘機以降の新型軍用機——の開発費や取得費や維持費については、1機あたりのコストが常軌を逸して高額になっているケースを指弾し、自分が大統領になったらメーカーに交渉して大幅値引きをさせるのだと豪語していた。

トランプ氏の自伝を読むと、彼は複合ビルの建築費を抑制させたり工期を守らせることには自信があるのだとわかる。突出して金食い虫になっている新鋭有人機関連の予算を圧縮してやれば、その浮いた予算で海軍や陸軍機甲旅団やその他もろもろを充実させるのは簡単ではないかと考えたかもしれない。

もし大統領が一人だけで空軍の大方針に立ち向かっても、有人航空機の権益について一歩も譲る気のない空軍は、政治的に反撃する手段を、倉庫いっぱい分ぐらいも保持している。

しかし、連邦議会の内部に空軍に対する反感が強まっているのが、トランプ大統領にとっては心強い追い風だ。

代表格が、下院軍事委員会の委員長、マイク・ロジャーズ（アラバマ州選出・共和党）だろう。

ロジャーズ議員は、ロシアや中国のような有力敵勢力がＡＳＡＴ（衛星破壊兵器）を開発・実験しているときに、わが米空軍にはそれら敵勢力と宇宙で対決しようという定見が無く、宇宙戦備に関するマネジメントはいきあたりばったりすぎる、と２０１７年に強い不満を表明している。そして、空軍長官（政権が指名し議会が承認する文民）が、大統領に対する宇宙戦略アドバイザーの筆頭を兼ねているのが大問題だとして、その兼任を辞めさせた。

近年ほぼ「お飾り」に近い空軍長官（現職は17年5月に就任したヘザー・ウィルソン女史）は、そもそも宇宙問題にだって詳しいはずもないから、宇宙軍の分離には消極的である。そんじょそこらの小物高官（ポリティカルアポインティー）だと、空軍という巨大すぎる予算権力組織に絡め取られてパペット化するしかないのだ。だからトランプ氏はマイク・ロジャーズに、次の空軍長官就任を依頼するのではないか——とのマスコミ観測もある。

議会の周辺にも、米国の宇宙軍備がはかどらないことにイライラしている専門家は多い。たとえば2006年まで空軍のスペース・コマンドでGPS衛星の強化計画に携わった、国防次官補（宇宙政策）のダグラス・L・ロヴェロは、07年に中共軍がASAT実験をやらかして軌道上をデブリだらけにしてみせたときに米空軍が何の対応も進めようとしなかったときから、憤慨し、気を揉んできた。

米空軍はレーガン政権時代に、F-15戦闘機が急上昇しながら発射してソ連の偵察衛星等を直撃するASATを開発している。1985年には、じっさいに高度555キロメートルの実衛星をそれで破壊してみせた（政治判断により、そのミサイルの量産や実戦配備は見送られた）。

1985年9月に米空軍が成功させたASAT実験で、F-15戦闘機が急上昇して「ASM-135」ミサイルをリリースした瞬間。（写真／Wikipedia）

だが、目標の衛星がもっと高い軌道になれば、この方法は有効ではなくなる。たとえば静止衛星の高度は3万5786キロメートルもあるし、北半球の上空で高度が途方もなく膨らむ「長楕円軌道」の衛星だってあるわけだ。

そうした衛星に、おいそれとこちらの手は届かないという限界があるのは、米海軍のイージス艦から発射する「SM-3」ミサイルとて、同様である。同ミサイルは、高度500キロメートルまで到達するポテンシャルがあるともいわれるものの、過去に実験で標的（故障衛星）を破壊してみせた最大高度は、247キロメートルにとどまっている。

したがって、アメリカ合衆国としても、敵陣営が保有するASATへの対抗抑止手段は、

現在、日米あわせて三十数隻のイージス艦が「SM-3」による限定的な「対衛星破壊能力」をもつ。日本もとっくに「宇宙軍備」を整備中なのだ。本州の日本海側に2カ所設けられる計画の「地上配備型イージス」の警戒用レーダーも特別なタイプとなり、おそらく米軍のスペースデブリ監視網に組み入れられるのだろう。（写真／US Navy）

「開戦」前から軌道上に常駐させておく必要があるのだ。
それをやらないなら、代わりのオプションとして、衝突破壊任務を与え得る多数のマイクロサット（超小型衛星）を随時に高い軌道にまでも投入できるような、新鋭の即応ロケット兵器を量産して、地上基地の弾薬庫に並べておかなくてはならない。

地対空ミサイルの警戒レーダーの電波は、じつは宇宙のエリント衛星からしっかりと探知されている。いくら地形に隠れ、偽装網で覆ったところで、電波放射だけはごまかすことができない。「宇宙アセット」をフル活用できる軍隊は、敵軍の配置も意図も、まる裸にできるのだ。（写真／兵頭二十八）

しかし米空軍は、そのどちらも優先事業とする気がない。

こんな反逆的で無気力な空軍に任せていたら、米国と西側自由主義諸国の宇宙アセットは、軍用も民用も含めて、ある時にいちどに軌道上から掃き落とされてしまうだろうという懸念を、彼ら「宇宙軍支持者」たちは共有している。

宇宙は海と似ている。海軍がいるからこそ、その国の商船隊は安全に海を利用できる。

しかし海軍は、自国の港に引きこもって消極的な監視を続けているだけでは海の秩序を維持できない。常日頃から公海を縦横無尽にパトロールし、敵海軍や海賊の初動の機先を制するような示威や抑止、報復や懲罰行動としての一斉攻撃もできるようでなくては、決して海は安全にはならない。

宇宙では、GPS衛星や通信衛星、放送衛星、資源探査衛星などが、海洋を往来する商船アセットに相当する。

これを宇宙軍の軌道上プレゼンスによって、しっかりと守らなくてはならないはずなのだ。しかるに、昔から本心は少しも変わることなく、自分たちが乗って操縦する「有人機」にしか興味のない米空軍は、基本的に「無人機」となるであろう宇宙の衛星駆逐機などに予算を回す気は、サラサラない。

そんなわけで空軍は今回、重大な「怠慢」を衝かれてしまった。宇宙派議員たちの主張は至極もっともなものであり、空軍はそれに有効に反論できないのである。

最初にプーチンが「宇宙軍」の手本を示した

じつはトランプ氏に「宇宙軍」創設の着想を与えたのが、ロシアの専制リーダーのウラジミール・プーチンであった。

1999年からロシア軍全体の再建に乗り出したプーチンが、2001年に「ロシア宇宙軍」を創設した。トランプ氏の念頭には、この早業が印象づけられている。

しかし中国よりも小額の宇宙予算をやりくりしてアメリカに対抗しなければならなくなっているロシアの宇宙戦略は、安心して見てはいられないポーカー・プレイヤーのゲームに近いものだ。

軌道上には、いま134機ほどのロシア衛星が周回しているという。うち6割が軍用だ。なかでも、他国の衛星が地上局や通信リレー衛星との間で送受している信号を、軌道上の近傍から傍受しようとする、宇宙空間での「電波盗聴」活動に、モスクワは資金の投入を惜しんでいないようである。

おそらく、そうしたミッションに役立てられる衛星は、比較的に安価でもあるので、ますます選好する理由となっているのかもしれない。

2017年にフランスの国防相は、仏伊共同運用の高速高周波通信衛星（重さ6トン。欧州NATO加盟国が利用できる）にロシアの電波傍受衛星が至近距離でまとわりついた――と非難した。

ロシアは冷戦中からこうした通信盗聴衛星を打ち上げてきた。いまさら、止めるつもりもなさそうだ。

２０１５年にも、ロシアの衛星が２機のインテルサット通信衛星の中間に割り込むなどのストーキング機動を繰り返し、衝突事故の危険におののいたインテルサット機構の会頭が「無責任な行為だ」とロシアを非難したことがある。

なぜこんな「盗聴」が必要なのだろう？

地球重力観測衛星（たとえばドイツとアメリカの共同事業である「ＧＲＡＣＥ」衛星）や、レーザー測地衛星（たとえばＮＡＳＡの「アイスサット」も）、あるいはマルチスペクトラムのパッシヴセンサーを搭載した地球資源探査衛星などが、網羅的・継続的に集積したデータを、ＡＩによって解析させれば、他の偵察手段ではつきとめにくい、地下深くの秘密の建築工事の進捗も、発見することができるかもしれない。

中国やイランや北朝鮮にとっては、それは悪いニュースであろう。

しかしロシアもまた、科学調査や民生用の非軍事衛星を装って、他国の弱点――特に核戦争で急所となる部分――を多角的に探っているかもしれない。

だから現代の核武装国にとっては、外国のたくさんの衛星が、軌道上でいったい本当は何をしているのか、平時から詳細に把握しておく必要があるのだ。すべての核大国には「宇宙軍」も必要だと、ますます感じられているのだ。

軌道を周回している他国の衛星が、公表されている目的機能のほかに、どんな隠された任務を負っているのかを、その衛星に接近してビデオカメラで仔細に観察するという衛星を、米露はすでに打ち上げている。

たとえば2016年6月に軌道投入された「コスモス2519」は、内部から子衛星の「コスモス2521」を放出し、それから1年以上をかけて、互いに相手衛星の周囲を動き回ってはその表面を詳しく撮影するというテストを続けた。さらに「コスモス2521」は、孫衛星「コスモス2523」も放出してみせた。

もしも、こうしたマトリョーシカ（ロシアこけし）風の秘密の衛星兵器を平時から多数周回させておいたならば、ある日、宇宙で奇襲的に敵国の重要衛星群の大半を破壊することも可能となるだろう。複数の子衛星や孫衛星に指向性爆薬を仕込んでおいて、一斉に標的衛星に接触させ、自爆させればいいのだ。

衛星による通信リンクが使えなくなっただけでも、米軍の潤沢なISR（情報収集・監視・偵察）資産は、ほとんど「宝の持ち腐れ」となるだろう。無論ロシアは、全世界の海底ケーブルも同時に切断するつもりだ。そうなればインターネットも、海外とはつながらなくなってしまう。

米本土のAI解析サーバーと、グローバルなセンサー端末群が分断されてしまうのだから、

ＡＩ技術やセンサー・アセットで米国がロシアをいくら圧倒していても、その優越性は意味がなくなる。ロシアは不利な立場から少し挽回できる。

軍用の通信中継衛星が機能しなくなれば、米軍の無人機の遠隔操縦も苦しくなるし、敵国奥地のミサイル基地を空爆に向かった味方航空機部隊が、最新の目標データを空中で受領できないことにもなりかねない。

また、米国が維持管理しているＧＰＳ衛星群の、何割かでもが故障させられたならば、味方の陸軍も海軍も、「現在位置」の精密な把握が難しくなってしまう。ＧＰＳ座標情報だけを頼りに、80キロメートル以上先の見えない敵の陣地を砲撃できる、米陸軍の長射程の誘導ロケット砲弾も、精密な着弾は期待できなくなってしまうのだ。

米英「民間パワー」がロシアの砦を脅かす

ロシア宇宙軍の強みは、衛星打ち上げロケットが、地上の倉庫にはふんだんに在庫していることであった。

たとえば国際宇宙ステーション（今は中国がのけものにされている）「ＩＳＳ」への人員輸送も、もっかのところ、ロシアの「ソユーズＦＧ」型ロケットだけが担任することができる。

ところが２０１８年10月に、ＩＳＳの常駐研究員2名を交替させるために打ち上げたソユーズが、１段目分離時にトラブルを発生させてしまい、飛行は中途で断念された。乗っていた2名は脱出カプセルが安着して無事であったが、こうしたアクシデントは、ロシア宇宙軍を今まで支えてきた、ロシア製ロケットの信頼性に、不吉な疑いを催させた。

２０１７年11月28日には、ロシアの「ソユーズ２・１ｂ」宇宙ロケットが、国産大型気象衛星1機と、諸外国から委託された小型衛星18機をいちどに軌道投入しようとして、失敗してしまっている。

その原因を調べたところ、第三段目を制御するコンピュータに、古巣のバイコヌール発射場から打ち上げる場合のソフトウェアが入っていたためだとわかった。

じっさいの打ち上げは、２０１５年に極東アムール州に整備されたボストチヌイ発射場（バイコヌールより緯度が高い）からなされたので、衛星はことごとく、低すぎる角度へ放り出されて大気圏へ墜落したのである。

ちなみにボストチヌイは１９９３年まではＩＣＢＭ基地だったところで、米国とのＳＴＡＲＴ条約の結果、閉鎖されていた。同地は、雲がかかる日が年間に60日未満しかなく、強風も吹かず、地震も無いという好条件を備えている。

さかのぼると、プーチンが宇宙軍を創設し、ロケット産業を支えてきた専門の技師たちが、給料をちゃんと支払って貰える他業種に逃散するなどしてガタガタになっていたロシア国内の宇宙技術部門にあらためて活を入れるべく、宇宙軍の参謀長に任命したのが、エリート軍人のウラジミール・ポポフキンであった。

ポポフキンは04年から08年には宇宙軍の司令官を拝命。宇宙軍は、復調の道程を順調に歩んでいるかに見えた。

ところが、彼が栄進してモスクワ中央で軍事行政に携わっていた2010年に、「GEO－IK－2」という重さ1・4トンの、地表マッピング衛星の打ち上げに、ロシアは失敗する。予定投入軌道高度に達しないで、17カ月目にして大気圏摩擦で燃え尽きてしまったのだ。

この衛星は、地面の皺の高低や、地域の水平的な伸び縮み、重力場の変化などを克明に記録するもので、弾道ミサイルの精密照準や、巡航ミサイルの自律誘導のためには不可欠の宇宙インフラだった。

前後して、ロシア版GPSであるGLONASS衛星×3機の軌道投入も、プロトン・ロケットの燃料注入がいいかげんであったために大失敗におわった（太平洋の藻屑）。

その時点でプーチンは、ロシアは核戦備以外ではもはやNATOと中共軍に対抗不能かもしれないと思い詰めていたから、こうした問題を放置できなかった。

危機感を強めたプーチンは2011年、ポポフキンをロシア連邦宇宙局長官に抜擢する。

しかし、ソ連時代の国営工廠の血筋を引いたロシア宇宙産業界の人材面での空洞化と紀律弛緩を短期間に是正することは、プロ軍人には容易な事業ではなかったようだ。

組織的なサボタージュに直面して、逆にみずからの健康を損ねてしまったポポフキンは、13年に追放されるようにしてポストから去り、57歳で癌のために死んだ。

ロシアは2013年には世界の商用衛星の打ち上げ請け負いのシェアの50％を握っていたが、18年現在、そのシェアは10％にまで減ってしまっている。

このまま年商が20億ドルずつ減ると仮定すると、シェアは最終的に4％まで下落するだろうという予想すらある。

ロシアにとってのとても悪いニュースは、西側の民間業者が次々と、衛星投入ロケット・ビジネスに参入しようとしていることだろう。

たとえば米国の投資家イーロン・マスク氏が設立した「スペースX」社と、軍需大手のボーイング社は、それぞれ2019年に、独自開発した人員輸送カプセルを試験的に打ち上げて、早ければ2020年には実用人員輸送機としてISSまで往復させたいと狙っている。

このうち「スペースX」は、衛星打ち上げ請負い費用を、それまでより著しく安くする可能性がある。さなきだに業績が右肩下がりのロシア国策宇宙企業「ロスコスモス」にとり、「スペースX」はトドメの一撃になってしまうかもしれないわけだ。

スペースＸ社の「ファルコン９」宇宙ロケットのブースターと、その回収プラットフォームである無人航走スペースポート。（写真／Wikipedia）

かたや、英国ヴァージン・グループ会長である富豪、リチャード・ブランソン氏が手がけるエアロスペース事業のひとつ、「ヴァージン・オービット」は、ボーイング747型旅客機を改造して、それを空中発射式の衛星打ち上げロケット「ランチャーワン」の発射母機とする構想の実現に、かなり近づきつつある。

高度3万5000フィートで巡航する母機「コズミックガール」の左主翼下からロケットはリリースされ、そこからロケット・モーターの力で上昇する。衛星需要の大きい、太陽同期軌道へは、重さ100キログラムの衛星を投入できるという。

この技術が発展すれば、英国のような、地球の自転方向である東側に向けて宇宙ロケットを打ち上げにくい立場の国にとり、地上の発射台というものはもはや必要ではなくなる。管制センターも「ボーイング747」の機内にあるからだ。

天気が悪ければ、天候が回復するまで打ち上げを延期する——のではなく、すぐに天気の好いところまで飛行機で移動してスケジュールどおりに打ち上げてしまう、という「迅速出前」的ビジネスも現実的となるだろう。

空中発射式のロケットで衛星を投入する方式は、１９９０年から２０１６年まで「オービタルＡＴＫ」社（いまはノースロップグラマン・イノベーションシステムズ社）が、44個の荷物を軌道投入した実績があるそうなので、ことさら斬新でもないらしい。そのロケットは「ペガサス」、母機は「スターゲイザー」と命名されていた。

２０１８年10月に死去したマイクロソフト社創設時の大幹部ポール・アレン氏も、「ストラトローンチシステムズ」社に、６発エンジンの航空機を用いた、空中からのロケット打ち上げ方法を研究させていた。

おそらくは中国の航空宇宙企業も、これらに類似した方式を試して参入しようと考えているだろう。

かつて、ロシアの石油会社にとってはなじみのない「フラッキング」掘削術が米国企業によって実用化されて以来、ロシアの化石燃料輸出国としての優越はみるみる色褪せてしまったものだ。

こんどは、「ロスコスモス」にとうてい真似ができない、いかにも民間らしい着想――ブースターを再利用することによりコストを劇的に減らすスペースＸや、ブースター燃料を節約できる空中発射方式――をひっさげた海外の新企業群が、ロシアのロケット産業から海外の顧客をすべて奪おうとしているかのようだ。
米空軍の他に、民間企業が、地上の倉庫に常に多数の打ち上げロケットの在庫を抱えるようになれば、有事に多数の軍用衛星をつるべ撃ち式に軌道投入できるロシア宇宙軍の強みは、帳消しになってしまうかもしれない。

非軍用の衛星が他国軍の秘密を暴いてしまうことも

ほんらい軍事用に作られたわけではない、たとえばSAR（合成開口レーダー）によって夜間や曇天時にも地表を精密に撮影する民生用の写真地図衛星が、偶然に、実戦展開中の防空ミサイル部隊の隠された陣地を世界に知らせてしまう――そんなアクシデントがじっさいに起こる時代になっている。

SAR衛星は、みずから発した電波の反射を拾う、精密なセンサーを持っている。

そのため、もしも眼下に、SARの使用電波と同じ周波数帯を使う「地対空ミサイル」のレーダー波が上空に向けて放出されていた場合は、SAR衛星のセンサーは強く感応してしまう。

その電波干渉のために、意図せずして特定国の地対空レーダーの位置を暴いてしまうことがあるのだという事実を、２０１８年10月に「ジオデータ中毒」と自称する衛星写真マニアのハレル・ダン氏が偶然に発見して公表した。

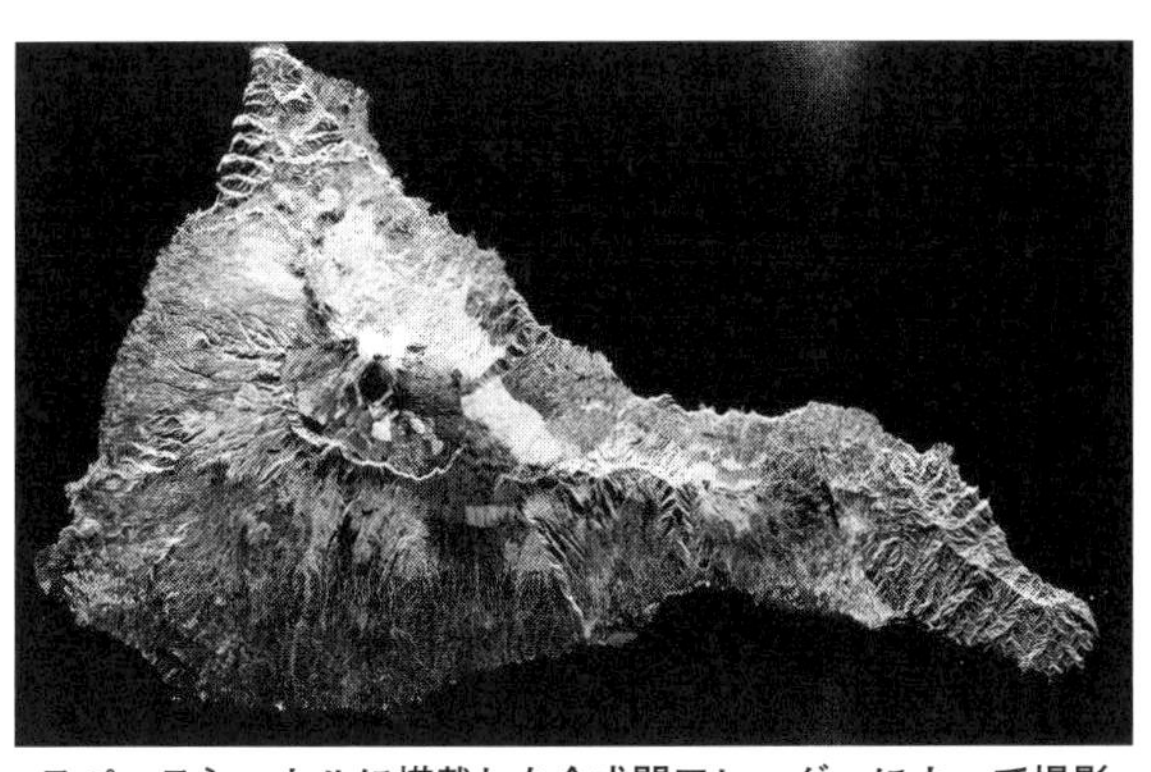

スペースシャトルに搭載した合成開口レーダーによって撮影された、スペイン領カナリア諸島のテネリフェ島。面積は2034キロ平方メートルで魚釣島の532倍ある。フルカラー画像だと、テイデ山の溶岩肌、植生帯、市街地などを色の違いとして把握できる。今日のSARはもっと進歩している。（写真／Wikipedia）

欧州宇宙機構が２機ペアで軌道運用している「センチネル１」は、６日ごとに全地表のSAR画像を撮影して、イタリア、スペイン、ノルウェーの地上局まで電送して来る。

このデータはインターネット経由で世界の誰でもアクセスができる。

ダン氏は、ある画像の中にぼんやりした×字状のイメージがあることに気付いた。それは、NATO軍の「ペトリオット」地対空ミサイル部隊が放射したCバンドレーダー波による干渉模様だったと知られた。

この発見は何を意味するのか？　ロシア製の新鋭地対空ミサイルである「S‐300」や

「S-400」の高射ユニットも、同じくCバンドレーダーを用いている。丹念に探せば、過去の民間用SAR写真の中に、何らかのマークが写っている可能性は大だ。

いまや、民間人が、軍事技術的先進国の地対空ミサイル発射機の所在地をニア・リアルタイムに把握できる時代が、来てしまったのである。

もうおそらく米軍は、衛星によるこうした「パッシヴ・レーダー源探知」の有効性にはとっくに気付いていて、ロシア軍、中共軍、イラン軍、北朝鮮軍の地対空ミサイルのレーダー波に感応する最適の専門エリント衛星を複数周回させているのであろう。

ロシア軍もまた、同じ努力を試みているはずである。

ライバル国は、特定の衛星からどんな軍事情報を得つつあるのか――。

核大国ならば、それを常に正確に知っておかなくてはならない。

そのために、他国の衛星と地上受信局（または中継用通信衛星）の間に傍受スパイ衛星を割り込ませて、敵衛星から地上へリポートされている信号内容を宇宙において盗聴する戦術が、重要なのだろう。

これも、大国が宇宙軍を創設する背後にある、国家的な要請なのだ。

宇宙から常時、監視される時代が

写真偵察衛星には、地表から反射されてくる昼間の太陽光線のスペクトラムに感光する「光学衛星」と、夜間や雲量の多い時に衛星から電波を照射してその反射信号の強度差から地形や地物を再現する「レーダー衛星」とがある。

かつてのレーダー衛星で得られた地上画像は、光学衛星に比べると肌理（きめ）が粗くて、不鮮明なものだった。

ところがＳＡＲ（合成開口レーダー）の技術が発達し、その画像信号処理ソフトにもＡＩが活用されるようになったことから、いまやレーダー衛星の画像の細密度は昔の光学衛星に近づいた。

その写真に、熱線（赤外線輻射）等の夜間でも捉えられるスペクトラム信号の写真を重ね合わせる等の技法によって、さらに豊富な情報を、夜間だろうと悪天候時だろうと、偵察衛星から得られるようになっている。

米国ヴァジニア州にあるトライデント・スペース社は、いちだんと小型軽量化させたレーダー偵察衛星を、低軌道（かつまた傾斜軌道）に多数（最終的には48機）周回させ、中緯度にある任意の地表の注目箇所を10分弱ごとに撮像可能にするという意欲的なプロジェクトを準備中だ。

もちろん同社は民間会社であるから、その画像を、欲しい人や会社に定価で頒布する商売で儲けて行こうというのだ。

やがてはこうした民間会社が、地球の全表面を、常続的に途切れなく「動画」で撮像できるようにもなるに違いない。

いったいこれは何を変革するか？

これまで各国（ただし日本を除く）の軍隊は、他国所有のスパイ衛星の上空通過時刻を常に見計らいながら、自軍の作戦企図が早々と敵にまる見えになってしまわぬよう注意を払い、できるかぎりの韜晦（ごまかし）や奇襲の演出にこころがけてきた。

だが、夜間でも悪天候時でも、常時上空からレーダー衛星で見張られているとなった日には、旧来のような小手先細工――たとえば敵の偵察衛星が飛びすぎた直後に部隊を路外に散開させ一斉躍進して攻撃する、等――は、試みるだけ無駄となろう。

きわめて周到に隠蔽手段を用意した場合にのみ、企図の秘匿は成功するであろう。

小型ＳＡＲ衛星のレーダー写真の解像度は1メートル未満になるという。すると、たとえば人民解放軍の中距離弾道弾の「東風21」はミサイル全長が10・7メートルあるから、ＴＥＬ

（運搬車兼起倒式発射台）の寸法をいかほど詰めても、移動システムは全長10メートル未満にはならない。そんなサイズの巨大トラックが、トンネル陣地から走り出した直後から10分おきにレーダー衛星によって撮像され続けるとなったら、正体をごまかすことは難しい。

たちまち米軍のＡＩが「中距離地対地ミサイルのＴＥＬが現れた」と警報を発する。最寄りの米軍は、そのミサイルが垂直に立てられて発射される前に、旧「パーシング２」に近似した地対地弾道ミサイルによって「後の先」のタイミングで破壊してやることも可能になってしまうかもしれない。

トランプ政権が、１９８７年に米ソ間で締結したＩＮＦ（中距離核ミサイル）全廃条約からの脱退を２０１８年に決定したことによって、終末精密誘導機能を世界で

フェイク宣伝だけで実在しない中共軍の「対艦弾道弾」とは違い、米軍は、再突入体がレーダーで着弾点を探して精密に自律ホーミングする中距離弾道ミサイルを実戦配備していた。それが写真の「パーシング２」だ。ソ連との「INF条約」により、米国はこの装備を全廃していたけれども、トランプ政権が同条約から脱退すると通告したことで、これからは「動く艦船を直撃できる各種射程の弾道ミサイル」を、いくらでも開発・展開・譲渡できることになった。中国海軍は青くなっているだろう。（写真／Wikipedia）

唯一有していた弾道ミサイル「パーシング２」（ＩＮＦ条約ですべて廃棄された）の復活版は、米国が欲するだけ、西太平洋戦域に展開できることになった。巡航ミサイルでは飛翔スピードが遅すぎて「後の先」のＴＥＬ破壊は無理だが、弾道ミサイルならば、それが現実的オプションになるのである。

高性能衛星と、「パーシング２」クラスの米国製の戦域弾道ミサイルの結合を、中国軍は、恐れる理由がある。

この衛星技術の行き着く果てには、世界の「報道革命」も待っている。

衛星サービス会社がもたらす「紛争報道」革命とは？

昔から世界のニュース通信システムは、いびつなものであった。

かつて西洋の特定先進国から殖民地とされており、現在は自主的な「報道統制」に失敗している国や地域の反人道的状況ばかりが、全世界に向けて盛んに、仔細に、執拗に映像付きで報じられた一方で、新疆ウイグル自治区やアラビア半島やイランなど、現地の政府が「報道鎖国」を完成できている広大なエリアからは、反近代的・非人道的統治を伝える映像はいっさい、外部に出てくることがないのだ。

同じように圧政や暴虐に苦しめられている人民でありながら、特定のいくつかの部族・地域住民ばかりが、ロイターやAPやAFPやアルジャズィーラをなかだちとして、世界中の新聞読者・茶の間の視聴者たちからいちじるしく同情を買うことができた。

それ以外の地域住民や民族は、ほとんどその存在すらも誰からも意識されることがない――というのが普通であった。

しかし、任意地点の最新の衛星からの撮像イメージを、1平方キロメートルあたり10ドル以下で誰でもが購入できるようになったなら、この地球上に「報道空白エリア」はなくなる。イスラム教徒などを片端から投獄する「再教育収容所」を奥地砂漠に無数に設けている中国政府には、悪いニュースだろう。

ロシアと中国は意図的に《ケスラー状況》を作り出す

NASA（米国航空宇宙局）職員のドナルド・ケスラーらは1978年、宇宙ロケットの三段目以上のドンガラだとか、飛散した小部品だとか、剥離した塗装剤、漏出した液体の氷などが構成する、地球周回軌道上の「スペース・デブリ」の漸増傾向がいつか臨界量を超えてしまうと、人工衛星を含む周回物相互の連鎖衝突が始まって、そこからは幾何級数的にデブリが増え、そうなった後では、特定の高度（たとえば太陽同期衛星が多い高度１０００キロメートル付近の層）を中心に、健全に人工衛星（宇宙ステーション）を維持することができなくなるかもしれない——と論文で警告した。

地球周回物体は、長い目で見れば、いつかは大気圏内に墜落して周回を止めるのだが、周回高度が１０００キロメートルにもなれば、大気摩擦のブレーキもそれだけ利きにくいので、死んだ衛星や人工デブリが、30年から2万年も軌道上に留まるという。

静止軌道（高度3万５８００キロメートル）において《ケスラー状況》が発生するかどうかについては、悲観的な試算はまだ提出されてはいない。けれども5センチ以上の登録デブリだけで2万３０００個もある今日、１５００キロメートル以下の過密な「低軌道」帯では《ケスラー状況》の到来は必至であるという意見に反対の見解を唱える研究者は少数派である。

２０１３年にロシアは、同国の1個の衛星が、中国由来のデブリに衝突されて損傷したと発表した。そのデブリは、中共軍が07年のＡＳＡＴ実験（高度８６０キロメートル）で盛大に撒き散らした破片のひとつで、このときの発生破片があらかた大気圏内まで落下するまでには数十年がかかるものと見積もられていた。

人工衛星同士の意図しない衝突事故としては、２００９年2月に、高度７８０キロメートルで、米国の携帯電話用通信衛星「イリジウム33」と、軌道変更燃料を消費し尽くして放置された状態のロシアの偵察衛星「コスモス２２５１」（核崩壊熱利用のアイソトープ発電機を搭載）がぶつかった実例がある。２機は総計６００個のデブリに姿を変えた。

将来もし「宇宙軍」同士の交戦が発生した暁には、総力では不利だと自覚している中国やロシアは、せめて米軍衛星が少しでも活動がしにくくなるように、やけくその自爆や、見境いのない「衛星体当たり」を繰り返して《ケスラー状況》に近い軌道環境を敢えて創り出すという戦術に出ないとは限らない。

２０１８年、ロシア空軍の「ミグ31」戦闘機が、モックアップの新型ミサイルを胴体下に吊して飛行した写真がリリースされている。

開発中の対衛星ミサイル（ＡＳＡＴ）だとされている。母機の飛行中に空力的に相性が悪くないかどうかを見極める、実寸大の模擬弾だ。

このミサイルは２０２２年頃に実用化される可能性があるそうだ。

ＭＤ（ミサイルディフェンス）に新展望

米国の物理学者のウィリアム・デントは、中性子発生装置によってＭＤ（ミサイル防衛）の諸問題は一挙に解決すると信じている。

デントは若い陸軍将校だったときに、「セーフガード」というABMシステム（小型核弾頭の空中炸裂による放射線によってソ連から放たれたICBMの再突入体を無力化しようというもの。1969年から72年まで開発されていた）に関与した。さらにレーガン政権時代のSDI（別名「スターウォーズ計画」）にも関わっている。

デントは中性子の性質に注目した。

中性子は、低密度の物体を透過する。が、高密度の物体に衝突すれば、その物体を放射性に変える。

すなわち物体から、ガンマ線が輻射されるようになるのだ。電磁波であるガンマ線は、ほぼ光速（ほんの少し遅いだけ）なので、こちらがガンマ線のセンサーを有していれば、その物体は即時に遠距離からも可視化される。

宇宙空間で、米本土に飛来する物体に向けてまず中性子を浴びせることができれば、核弾頭のような高密度物体ならばガンマ線を輻射し始めるし、ポリバルーン製の空虚なデコイ（囮弾頭）であったら、ガンマ線輻射は観測されないから、真弾頭の見極めを地上で早くつけることが、可能になる。

ただ困ったことに、中性子はそもそも帯電しない粒子であるため、指向性を与えてやる方法が、いままで考えられなかった。しかしデントは、ついに中性子をビーム化することに成功したという。

中性子は、原子から分離できる。粒子加速器を使って、重水素と3重水素を衝突させてやると、中性子が飛び出す。

中性子は電磁場に不感症なのだけれども、電子が飛び出すかくっつくかして荷電された原子の方は、電磁的に操縦ができる。だから、中性子の親である原子を一列に整列させ、同一方向にスピンさせてやったならば、そこから飛び出す中性子の方向も、統制できるはずだ。

デントは、この中性子発生装置、照準指向システム、給電装置など一式で、14トン以下の総重量にまとめられる――とも計算している。大型輸送機や、大型人工衛星に搭載することが、不可能ではない重さだろう。

中性子のスピードは光の14％で、時速に直すと1億7400万キロメートル強という。

高エネルギーの中性子ビームは、半導体チップのシリコンやガリウムに害をなす。したがって、水爆を内包する「再突入体」の内部の起爆回路を、中性子ビーム照射だけで破壊できるかもしれない。その場合の有効射程は、強力なマイクロ波ビームよりも大きい。

SDI時代に構想された「荷電粒子ビーム砲」は、地球の磁力から影響を受けて曲がる上、大気によっても減衰させられるため、距離とともにみるみる低威力化してしまうものだった。それを克服するためには、馬鹿みたいなエネルギー源が必要だった。

これに比してデントが提案する中性子ビームは、地球大気のような低密度のガスによっては減衰させられることはなく、地磁気からも影響を蒙らないで直進する。これを遠達させるためにエネルギー源をむやみに巨大装置化する必要はないのである。

ハイパーソニック滑空ミサイルのような新手の戦略核運搬手段に対する回答も、「中性子砲」が有望なのかもしれない。

こうなると、ブッシュ（父）政権時代に放棄された「ＳＤＩ」は、ふたたび、より現実的な計画として蘇る可能性が出てきたわけだ。

創設される「宇宙軍」には、《敵国の核ミサイルからの米本土防空》という、壮大な夢も託されることになるのだろう。

再考される「ＩＣＢＭ部隊」の所属の行方

２０１８年11月６日に投開票が行なわれた全米の「中間選挙」は、連邦下院（国防予算については最大の権力を握る）に関しては野党民主党が過半数を占めた。これによって注目される下院軍事委員会の委員長が民主党員になることは間違いなくなった。

委員長の権限は巨大だ。

野党の議員が委員長になったら、その委員会の扱う分野に限っては、与党の大統領のもくろみを、予算面でとことん骨抜きにして、恥をかかせてやることも可能になる。前述のマイク・ロジャーズ下院議員（共和党）と、トランプ大統領の「宇宙軍」構想にとっての、大きな障碍が発生したように見える。

だが現実政治では、「この予算費目は認めてやろう。その代わりに、わが党が推す、こっちの振興策を頼みたい」という「取引」が、なされるのが常だ。

しからば現政権には、この「わざわい」を、転じて福となす、どのような「取引」が考えられるだろうか？

説明しよう。

米空軍が伝統的に冷や飯を食わせてきた身内部門が「ICBM部隊」である。そして下院軍事委員会の委員長が民主党員になることで、ICBM分野への予算配分は、これからさらにシビアに削減される蓋然性がある。

そもそも冷戦の初期、大陸間弾道弾（ICBM）の開発でソ連にすっかり先行されてしまったのは、1950年代の米空軍には、いつでもモスクワ市を核空襲できるだけの、長距離爆撃機がたくさんあったからだった。

「爆撃機の優位」に、すっかりあぐらをかいていたわけだが、ほんとうのところは、《爆撃機というすばらしい有人機が、無人のミサイルなどよりも国家戦略上の効用で劣る》という新しい時代の現実を、彼らの古い頭がどうしても受け入れることができなかったのだ。

そして彼ら米空軍の最高幹部は、いまだに、この現実を認めるつもりはない。

ここにおいてわたしは、トランプ政権に対していくつかの提案ができる。

日本の一軍学者がどんな提言をしたところで、アメリカ合衆国の軍事外交政策に反映される可能性はないけれども、大国間の戦略核バランスは、世界中の人民にとって深刻に関係のある話であるゆえ、責任感の発露として、ここに書き綴るのである。

中国の人民解放軍は、「ロケット軍」（かつて「第二砲兵」と称していた）を、特別な独立軍種として扱い、陸軍の指図も空軍の指図も及ばないようにし、全国防予算の12％～15％を優先的に注入している。

トランプ氏はこれに学ぶべきだ。具体的には、新設の「宇宙軍」が、米本土内のＩＣＢＭ部隊も管轄するように、このさい組織変えを検討するべきだ。

すなわち、米空軍から、ＩＣＢＭ部隊を引き剥がすべきである。

なぜそれが米国の安全のためになるのか、述べよう。

いま、米国のＩＣＢＭアセットは、岐路に立たされている。

即応発射分４００基、プラス、予備が50基ある「ミニットマン３」大陸間弾道弾は、ミサイル自体も、また発射管制基地施設も、かなり古くなってしまっており、すべて刷新が必要だ。しかるにICBM戦力は、安価なアセットではない。

前の民主党オバマ政権は、「ミニットマン3」の後継となる「GBSD」を開発させる方針は裁可したものの、それを取得するまでに、30年間に1400億ドルもが必要で、さらにその運用経費としては別に1500億ドルかかるだろうと見積もったものだ。

米本土に3カ所あるICBM基地（すべて空軍基地である）は、ロシアとの全面核戦争が始まったらすぐに、大量の水爆弾頭を「吸収」することになるだろう。

都市に落とされるかもしれなかった水爆弾頭の何割かが、原野のまんなかに吸引されてくれれば、それはアメリカ市民のメリットだと言う人もいるようだが、大間違いだ。

ICBMサイロを狙う水爆弾頭は、地表で炸裂するように信管が設定される。つまり「火球」が地面に大きなクレーターをつくる（これに対して、都市攻撃用の水爆弾頭は、火球が地面に接しない高空で炸裂することで極力広い面積を破壊するように按配されるので、地面にクレーターは掘らない）。

その火球に包摂されてしまう、おびただしい土壌やコンクリートや金属は、瞬時に「蒸発」し、強烈な二次放射能を帯びた粒子と化して、まずキノコ雲の上昇気流で吹き上げられたあと、偏西風の風下、すなわち北米東部沿岸地方にかけて、降り注ぐのだ。

この大量の「フォールアウト」は、最初の数日間は、致死的な強さの放射線を出し続ける。それによって投網をかけられた東海岸の住民の死者数は、数万人ではおさまらないであろう。だからＩＣＢＭ基地は、北半球の中緯度では、「大都市の西側」に設けるべきではなかったのである。

ＩＣＢＭ基地を設けるならば、それは、基地の東側に大都市がない立地を探して選定しなくてはならないのだ。アメリカ合衆国にとり、その条件を満たす広大な土地は、今日だともうアラスカ州にしか、残ってはいないであろう。

そこで、「ミニットマン３」の後継ＩＣＢＭを、アラスカ州に展開させることに決め、米本土内の「ミニットマン３」の基地は、それにあわせてサイロごと順次に廃止してしまうという選択が、真剣に検討されてもよいはずだ。

ロシアから見たアラスカ州は、合衆国の大都市よりもずっと近距離にある。そのことだけでもロシア政府は、アメリカに対する先制核攻撃が、とてもやりにくい。というのは、ロシアがアラスカ州を水爆ミサイルで先制攻撃すれば、アメリカ大統領は、悠々と全面核反撃の命令を下令する時間的余裕が得られるからだ。しかも「ＧＢＳＤ」はアラスカ州配備の場合は山岳トンネル内配備となるだろうから、ロシアが先制攻撃に踏み切った場合でも、生残率が高いのだ。

かくして米国から見た核戦争の抑止力はすこぶる強化される。もし抑止が破れて米露の核ミサイルの撃ち合いに至っても、人口稀薄なアラスカ州が大量のロシアの水爆を吸収する。そして、それによって生ずるフォールアウトは、大都市にはもう降り注がない。

これは北米の大都市住民にとっては、大きなメリットのはずだ。

アラスカの広大な山岳帯に地下トンネルやサイロを散在させて、次世代ＩＣＢＭを配備するのが、合衆国にとっては合理的な抑止力になるはずである。（写真／Creative Commons）

選挙区としてのアラスカ州は、基地工事特需で景気がよくなるだろう。民主党は同州の選挙民たちに、恩を着せる方法があるだろう。しかも、米本土のＩＣＢＭの東側に所在する大都市の有権者たちからは、下院軍事委員会は大いに賞讃されるはずだ。民主党議員たちは、「事実上の軍縮をなしとげた」と国内に宣伝することもできる。それはけっして嘘ではない。空軍の予算権力が、大削減されるのは間違いないのだ。

米国の民主党にとって、これらは政治的に損な「取引」とはならないであろう。

なお、まったく別の有力なオプションとして、米国はＩＣＢＭを全廃することも可能である。ただしその場合は、ロシアからどんな見返りを引き出すかで、政権は長期の厄介な交渉に直面するだろう。

ハイパーソニック滑空ミサイルのような、弾道ミサイルと巡航ミサイルの中間形態の核運搬手段が登場したことが、これからの検証問題を複雑化するはずである。

保険の意味で、基数をやや縮小した「ＧＢＳＤ」をアラスカ州に展開することが、やはり合理的であるように思われる。

有人機にしか興味のない空軍から、継子待遇のＩＣＢＭ部隊を、新鋭の「宇宙軍」という意識の高い里親に引き取らせることができれば、げんざい酷く落ち込んでしまっているＩＣＢＭ部隊将兵の士気（モラール）は、きっと、ミサイル装備よりも先に再生することだろう。

ＩＣＢＭの攻撃と防御を、「宇宙軍」がまとめて面倒みることは、組織の性格と機能を明朗化してくれるに違いない。

米空軍は、陸戦用の「無人攻撃機」の分野では米陸軍にかなりの役割を侵食され、他方で、人工衛星とＩＣＢＭでは「宇宙軍」にアセットと予算を明け渡す……。そんな大きな構造転換が、やってくるような気がする。

無人操縦の前の段階として

航空機操縦のすべてをＡＩに任せてしまうのは、いまの段階では冒険的にすぎるだろう。

しかし、操縦士がちょっとの間、操縦以外の作業に集中したいときに、副操縦士の代わりにＡＩが、暫時操縦桿を預かってくれる、そんなシステムならばじゅうぶんに現実的なはずだ。

こう考えたＤＡＲＰＡ（国防高等研究計画局）では、ＡＬＩＡＳ（空中勤務自動代行システム）の研究開発を進めている。

まずはヘリコプターをテスト土台にする。むろん将来は、固定翼機に応用が進むだろう。

ＡＬＩＡＳによって単座機の安全は増すだろう。たとえばパイロットが敵弾で負傷し、人事不省に陥った場合でも、ＡＩが機体を味方基地まで連れ戻してくれるだろう。機種によっては、複座機仕様だったものを単座化できるかもしれない。

すでに米海兵隊は、完全無人操縦の小型輸送ヘリコプターをアフガニスタン等の前線で試験的に導入している。

２０１９年以降、ＡＬＩＡＳを実装したＵＨ‐60ブラックホークが出現するはずだ。

第5章　ＡＩがもたらす波乱。それに対する人々の防衛手段は？

フェイクの時代に暮らす

ＩＴ環境と結合するＡＩ技術は、「サイバー攻撃」や「サイバー工作」との親近性がすこぶる高い。

このため、ＡＩは世界を（あるいは社会を）、安定させるのか。はたまた、混乱させるのか——と問われれば、答えはあきらかに、後者である。

敵の陣営内に、疑心暗鬼を生じせしめるルーモア（噂）の流布と、サイバー攻撃は、連動される。それらのルーモアは、疲れを知らぬＡＩマシーンが、おびただしく製造してくれるのだ。

ルーモアがルーモアにすぎないことを検証する作業は、さしものＡＩにも重荷だろう。敵陣営は、それによってわが陣営のＡＩシステムに負荷をかけ続けることができるわけだ。

話題の「量子」技術も、敵の画策する「混乱戦術」に対する切り札にはなりそうにない。たとえば大手ＩＴプラットフォーム企業のグーグル社などが営々と開発と実験を進めている「量子コンピュータ」。

従来型のスーパーコンピュータでは「総当たり」アルゴリズムによる暗号解読に時間がかかりすぎて非現実的だとみなされていたような複雑高度な暗号でも、一定時間内に解読ができるようになるのではないかとの期待がかかっている。

すると、量子コンピュータとマンモス・サーバーを所有して駆使できる巨大ＩＴ組織（おそらくは政府機関と企業の連合）の前に、量子コンピュータを随意利用できない他の国家や企業や個人は、どんな秘密も保つことはできなくなってしまうかもしれない。

それで世の中に、不安はなくなるのだろうか？

また、「量子通信」という新技術が実用化されれば、ある通信の途中で第三者が盗聴やデータ変造をしようと試みたときに、その介入の事実を送信側でも受信側でも即時に検知ができるのだとされる。

だが、ＡＩと量子コンピュータを結合させれば、他者の正規の通信局になりすます偽計が、飛躍的に、容易になってしまう。

また、害意ある第三者のなりすまし工作により、肝心の送信機や受信機がハッキングされたなら、途中の通信経路だけがいくらアンタッチャブルであっても、こちらが送信した秘密はそっくりそのまま敵に進呈することになるだろう。外部から送られてきた偽のメッセージやデータを、ホンモノだと信じ込まされることにもなってしまう。

こうなると、真正の通信であっても、受信した側としては、それがホンモノかどうか、最後まで確信は抱けないことになろう。

とうてい、人々が安心して暮らせる世の中が簡単にやってくるだろうとは、思えないのである。

偽文書を無尽蔵に量産できるＡＩがビッグ・データを殺す

ＡＩの得意技は、なんといっても、疲れをしらぬ高速連続作業である。

いま、詐欺犯罪者等の利便のために、ニセモノの住所や氏名や電話番号、社会保険番号などをランダムに合成して量産してくれるソフトウェアがあると聞く。

おそらくＡＩ技術を駆使すれば、一見しただけでは誰もそれがまったく架空の「住民名簿」や「個人履歴書」であるとは見破ることのできない、巧妙な「フェイクＩＤの山」も、うんざりするほどに、製造してくれることであろう。当然、ひとつひとつが異なった、合成された顔写真付きだ。

そのような「偽ＩＤ調書」が何万人分、いや、何億人分もＡＩによってデジタルに濫造されて、それが、ハッカーによる本物の個人情報ファイルの偶然の大量流出であるかのように装われて、オンライン上に出回り始めたら、特定個人の社会信用は、どうなってしまうだろうか。

何国人であれ、同姓同名はいるものだ。量子コンピュータと結合した疲れしらずのＡＩが、何十億人分ものフェイクＩＤを合成すれば、かならずや、その偽ＩＤと同じ生年月日で同じ名前の、あるいは同じ電話番号で同じ名前の、本物の住民が多数、信用を破壊されることになるはずだ。

そしてまた、本物の住民にとって、就職先等に提示する「学歴」「職歴」の証明が、とても面倒になるだろう。というのも、偽ＩＤの山の中には、偽学歴や偽職歴の「同姓同名」人格もゴマンと混ざっているだろうからだ。

オンライン・ネットワークの顕著な現象として、たとい偽の情報であっても、ひとたびアップロードされて人目に触れたファイルは、どこかに必ず残り続ける。ＡＩがビッグ・データを博捜（はくそう）すると、その偽データも再度拾ってしまう可能性は大だ。

となると、悪人が駆使するＡＩが量産した偽ＩＤの「ゴミの山」によって、市場調査に必要な「ビッグ・データ」の信頼度も、どこまでも低下させられてしまうだろう。

悪意のある者が、「偽の科学論文」をＡＩに量産させてアップロードするようになったら……と考えると、これも恐ろしい。

いま、製薬会社は、ＡＩに過去のケミカル系・医薬系等の学術論文をあらいざらい読み取らせることによって、新薬開発のヒントを拾い出すという。

しかし巧妙なＡＩなら、特定分野のビッグ・データを、偽論文の山によって不可逆的に「汚損」してしまうことも、容易だろう。

このように、デジタル世界の妨害や撹乱の手管は、どこまで行っても防禦策といたちごっこであって、キリはない。

進化の闘争と同じなのだ。たとえば、結核菌を殺す抗生物質を使い続ければ、いつか結核菌の中からその耐性種が進化してくる。

それに対して一層強力な新抗生物質を発明しても、また同じことの繰り返しなのだ。

どこまで行っても終わりは無いと覚悟しなければならない。ＡＩ戦争も、同様である。

紙は頼りになる

２０１８年９月に、マサチューセッツ工科大学内で、選挙の投票集計マシーンはスパイの手で簡単に細工され得るというデモ実験がなされた。

全米の18の州でじっさいに公職選挙に使われている「ＡｃｃｕＶｏｔｅ ＴＳＸ」という集計コンピュータを使い、架空の「Ａ」「Ｂ」の2候補について、３人の「有権者」役が投票した。

３人はいずれも「Ａ」の名を入力した。

ところが、開票手順として結果を紙にプリントアウトさせると、なぜか得票スコアは、１対2で「Ｂ」候補が接戦を制したことになっていた。

手品の種明かしはこうだ。

選挙のつど、候補者の名前をプログラミングした「メモリー・カード」を、選挙管理委員会は「ＡｃｃｕＶｏｔｅ ＴＳＸ」の中に挿し込むことになっている。不法工作員は、インサイダーになるなどして、そのカードにあらかじめ細工をしてしまえばいいのだ。

このような誤魔化しをやり難くする方法は、絶対に「紙」を捨てないことだ——と実験の主催者は強調した。

紙さえ残っていれば、あとから第三者がチェックできる。誤魔化しの企図も、最初から抑制されるはずだ。

しかしもし、最初から紙を廃止し、オンライン投票のみとしてしまえば、結果が発表されたあとで開票の不正が疑われても、まったく誰にも確かめるすべは無い。

いわんや、いくつかの米国の自治体が導入に傾いている、ブロックチェーン（デジタル暗号理論のひとつ）のオンライン投開票への導入などは、無謀もいいところだ。不公正な選挙の放置は、儒教圏からの間接侵略の温床となり、民主主義を自殺させるようなものだろう。

行き過ぎたIT／AI化がもたらす混乱から社会を守る要諦は、やはり「古い技法の温存」にある。

たとえばGPS信号を敵国によって攪乱されてしまっても、昔ながらの方位磁石があれば、とりあえず概略のナビゲーションはできるだろう。

同様、「現金」を追放しないで、カード決済やスマホ決済等と併用させておいたなら、あるとき激甚災害によりコンビニ店頭のカード読み取り装置が使えなくなっても、人々は買い物を続けられるのだ。じっさいに、18年9月の胆振東部地震の直後に起きた北海道全域ブラックアウトのあいだ、人々はこの教訓を思い知った。

地震や停電のために、スマートフォンがつながらないときでも、古い公衆電話は比較的によくつながる。だったら、行政が要請して、各地に公衆電話を残してもらうようにすべきだろう。

これが陸軍部隊であれば、無線が通じなくなったら、アラスカ僻地住民御用達の「ブッシュプレーン」のような軽便なＳＴＯＬ連絡機で、航空伝令が飛ぶようにしておくのが確実かもしれない。

低圧でオーバーサイズな「ツンドラタイヤ」を履かせたブッシュプレーンの例。写真の高翼機は総重量1134kgの「モールM-7-235C オライオン」。この軽量ボディに300馬力の水平対向空冷ガソリンエンジンを載せているようだが、ブッシュプレーンは高速を狙えぬ形態なので、むしろ100馬力ぐらいの軽いエンジンにして燃料を多く積む方が合理的であるとも言う。（写真／Wikipedia）

　ブッシュプレーンとは、高翼単発の「パイパーＰＡ18スーパーカブ」などを母体に、オーバーサイズの「ツンドラタイヤ」を履かせて、小石だらけの河川敷等でも短距離離発着ができるようにしたもので、機体の主構造は鋼鉄パイプの熔接なので、オーナーみずからガレージで修理することができる。百数十馬力のガソリン・レシプロエンジンも至って整備製が高く、いざというときの稼働率でこれに優る航空機はない。どうしてもとなれば、洋上のフラットデッキ艦まで往復して通信筒を投下することも可能だろう（ガソリン・エンジン機は、火災の危険を避ける見地から、今日の空母では着艦を許可しないだろう）。

AIの最大の欠点は「身体」の不保有

1896年に哲学者のアンリ・ベルクソンは『構造と記憶』を公刊し、今日のAIの欠陥を予言していた。

ベルクソンは、わたしたちが見る「夢」の内容の非現実性に着目した。

なぜ、昼間、起きているときにはとても信じないような、おかしなストーリーの展開を、夜、就寝中のわたしたちは、疑うこともまったくできないでいるのだろうか？

ベルクソンの考えた仮説はこうだ。

わたしたちの脳は、身体と強く神経連携することによって、現実世界が把握できているのだ。

就寝中は、脳と身体の神経連携が緩くなる〈兵頭注：そうしないと脳も身体も休まらないからだろう〉。すなわち睡眠とは、身体から脳へ送られてくるさまざまな信号によって、見ている世界の現実性を照合することが、一時的に、できなくされている状態だ。そのため、脳は自由にとめどなく夢のストーリーを織り出すことができるのだが、果たしてそれが現実であるかどうかを、脳だけでは疑うことはできないのだ……。

ＡＩもまた、生身の動物のような「身体」を有しない存在である。ということは、洗練されたサイバー工作によってフェイク情報を「脳」内へ入力されてしまったら、それがフェイクであるとは、自分では判断できない。

悪意ある工作員によって「夢」を見せられていながらそれが現実だと思い込む危険から、ＡＩは自由ではないのだ。

「ディープフェイク」の行く末は？

デジタル写真をさまざまに加工するソフトウェアがあると聞いても、いまでは誰も驚くまい。しかし、人物が写っているオリジナルのデジタル動画の、顔の部分だけを全く別人のものにさしかえて、しかも、それが一見しただけでは合成だとはわからないぐらいに自然に動いたり、加工者が入力した「台本」通りに、ほとんど本人そのままの声色で発話もしてくれるとなれば、やはりギョッとする人の方が多いだろう。

この技術は「ディープフェイク」と呼ばれる。インターネット上には、ダウンロードが可能なその「加工ツール」も、すでに提供されている。これまた一種のＡＩと呼んでさしつかえないものだ。

どのような需要から生まれたのかといえば、特定の人気映画女優の顔を、すばらしい裸のポルノ女優のＰＯＶ（鑑賞者視点に固定したカメラアングル）の素材の胴体と合成して、延々と反復再生したいという男性が、やはり多かったのである。

80年代、ビデオデッキの普及には、男性用のアダルト・コンテンツが大いに貢献した。同じことが、インターネットのアダルト動画投稿サイトの界隈でも、進行するのかもしれない。

２０１８年11月、北京のＡＩ会社が国営新華社と組んで、ディープフェイク技術をＴＶのニュースアンカーに応用してみせた。

まもなく人間のアナウンサーはニュース番組制作のためには不可欠ではなくなって、無給で24時間働いてくれるデジタル・パペット（あやつり人形）が、その職にとってかわる時代が来そうなことが、人々には予感されたのであった。

いずれは、人物の顔だけでなく、五体もまた意のままに自然に動かせる「動画編集ソフト」が、一般に普及することだろう。他国の公人や政敵の名を汚すブラック・プロパガンダに、それは早々と応用されるかもしれない。

ある日、複数の著名政治家や文化人がテレビの前で何かとんでもない声明を出す。あるいは、ののしりあいや、乱闘を始める。その動画ビデオ・フッテージのすべてが、じつはＡＩによる無からの捏造（フェイク）ということもあり得る。

さすがにその頃には、テレビやインターネット動画に、いくら顔見知りの人物が登場しても、視聴者は、それが真っ赤な偽物である可能性について、最初から留意をしているような世の中と、変わっていることだろう。

そしてそれは、あなたにはもはやどうでもいいことかもしれない。

なぜなら、自分の愛する有名人たちをすべて「デジタル・パペット」の登場人物として、あなたが主人公である特別な「映画」や「密着ドキュメンタリー」を製作することに、もはやあなたは毎日、夢中になっている可能性が大だからである。

あなた自身が世界一のセレブでありスターであるのに、どうして並レベルの雑魚モブたちの実在性など、気にかける必要があるのだろうか？

第6章　海陸戦闘は一変する

「無人機搭載空母」計画の朗報

わが国は「無人機母艦」を造って、海上で固定翼機を運用してはどうかと、わたしが提言しはじめたのは2012年だった。

活字としては、たとえば同年刊の『北京は太平洋の覇権を握れるか』（草思社）がある（その後『北京が太平洋の覇権を握れない理由』と改題し、草思社文庫になった）。

それから6年が過ぎた2018年11月9日に、海上自衛隊は、『読売新聞』電子版を通じて劇的な公表を行なった。

ちょうど珠海市で開催されている「第12回中国国際航空航天博覧会」の「なか日」にあわせたように、18年末に政府がまとめる「防衛計画の大綱」が無人機の活用を謳うことと、2020年代後半までに海自が運用開始するその機種として、米国ジェネラル・アトミクス社製の無人攻撃機「プレデターC／アヴェンジャー」が検討されていることを、明かにしたのだ。

アヴェンジャーは、巡航時速648キロメートルで18時間飛行でき、上昇限度15240メートル、胴体爆弾庫内に1・6トンまでのミサイル類を収納可能な機体だ。もし硫黄島から発進させて1800キロメートル離れた尖閣諸島まで往復飛行させても、尖閣上空で6時間はロイタリングができる（現在、さらに滞空時間を延ばした「ER」型も、試作されている）。

無人攻撃機「リーパー」は、中国企業が国産できない性能のターボプロップエンジンを搭載し、そのおかげで、巡航時速276km、最高時速482kmを出せる。中国がこれに対抗するには、セスナのような軽便飛行機にヘルファイア級の空対地ミサイルを２発吊下して、有人スウォームにするしかない。自重４トン・クラスの固定翼機なら、兵装100kgを抱えて何時間も滞空できる。エンジンの不出来な「戦闘ヘリ」よりは重宝なはずだが、「面子」重視な彼らには採用は無理か。（写真／US AIR FORCE）

護衛艦『いずも』の前部中央昇降機と後部舷側昇降機がよくわかる。着艦したアヴェンジャーは前のエレベーターで格納甲板まで下ろされ、燃弾を補給され、発艦するときは後方エレベーターから飛行甲板へ上げられるはずだ。（写真／海上自衛隊HPⒸJMSDF）

ちょうど珠海の航空エキスポで、中共空軍が装備化すると宣伝発表した「翼竜２」（外見だけ米軍の「リーパー」に似せた攻撃型無人機。ガソリン・エンジン搭載で最大時速２４０キロメートル、滞空最長20時間可能、上昇限度５０００メートル、ペイロード２００キログラムで空対地ミサイルも吊下可、最大離陸重量１１５０キログラムという）のインパクトは、これでいっぺんに色褪せてしまった。

防衛省は、まだこの「アヴェンジャー」を「艦上機」にするなどとは、ひとことも言っていない。

しかしわたしの見るところ、「アヴェンジャー」が選ばれた理由のひとつは、海自が「艦上機としての運用」も睨んでいるからだと思う。

どういうことなのか、説明しよう。

海上自衛隊の『いずも』型護衛艦は、最上甲板が、長さ２４８メートル×幅36メートルの全通式飛行甲板となっている。

これに対してジェネラル・アトミクス社の無人機「プレデター」は翼長が15メートル、同「リーパー」(プレデターB)は翼長が20メートルある。「アヴェンジャー」(プレデターC)の翼長は20メートル強。胴体全長は12・5メートルだ。

米海軍の正規空母にあるような「蒸気カタパルト」を備えていない『いずも』型が、風上に向かって30ノットで走りながら、これらの無人機を自力で発艦させ、また収容することは、ポテンシャル上、可能である。

ただし、現代の「空母」は、運用する飛行機について、いくつかの制限を設ける。まず、ガソリン・エンジン機は、困る。

ガソリンは、今日の軍艦燃料の主流である軽油や、軍用航空機燃料の主流である灯油に比べて、揮発性が高くて、火災事故を起こしやすいからだ。そんなものを格納庫内に置きたくないというのは、空母火災を過去にさんざん経験してきた米海軍の合理的な結論である。海上自衛隊も、教訓を尊重するだろう。

第二次大戦中は、艦上機としてはガソリン・エンジンの他に選択の余地はなかったから仕方ないのだが、いまでは米海軍の艦上戦闘機はターボファン・エンジン、早期警戒機はターボプロップ・エンジン、対潜ヘリはターボシャフト・エンジンを搭載する。そこにはJP-5とい

日本の地方空港で離陸前の給油を受けている旅客機。燃料は「JET A-1」で、米空軍や米陸軍が消費する「JP-8」に成分が近い。いかほど電池が軽量化されようと、石油系燃料で回す内燃機関の「出力／重量」比を電気自動車や電気航空機が凌ぐ日は来ない。つまり当分、石油を自給できない国家は、石油を自給できる大国と動力兵器で争っても、勝ち目は無い。中国政府のこの地政学的な弱点は、AIでも解決されはしないのだ。(写真／兵頭二十八)

う海軍航空専用燃料を給油できる。

JP-5は、米空軍と米陸軍の統一燃料であるJP-8と同様、灯油ベースなのであるが、JP-8が民間のジェット旅客機用燃料に近いものであるのに比べ、米海軍専用のJP-5には、被弾火災を抑制するための特別な添加物が混ぜられている。よって値段は安くない。けれどもそのかわりに、航空燃料由来の火災事故の発生率は最も局限される。

したがって、「プレデター」はガソリン・エンジンだから敬遠されるとしても、ターボプロップ・エンジンを搭載する「リーパー」や、ターボファン・エンジンを積む「アヴェンジャー」は、このJP-5を給油できるがゆえに、いちおう、艦上機の素質はあると考え得る。

次に、現代の空母は、プロペラや回転翼を好まない。理由は、とにかく危ないためだ。

もし空母の乗員が本心をさらけ出すなら、ターボプロップ機の「E-2C／D」や、ヘリコプターも、できることなら、1機も扱いたくはない。

やはり、波に揺られ、風に吹かれる空母の飛行甲板上で作業する水兵たちにとり、身体のすぐ横を高速回転しながら接近してくるプロペラや回転翼、テイルローターほど、不慮の事故を招き易いものはないだろう。

中国が真似のできない高性能早期警戒機のE-2Dは、機体が重いため、カタパルトのない空母上からは運用できない。自衛隊は南西諸島方面でこのE-2Dを陸上基地から飛ばし、空母から発進させる武装UAVの「アヴェンジャー」を空中指揮させることができる。(写真／US Navy)

第二次大戦中、日米両軍ともに、このプロペラが原因でいったい何百人の水兵の命が失われ、あるいは片腕切断などの重傷を負わされたか知れないのである。

今日、「E-2C／D」のような重い固定翼機も、あるいは固定翼の軽量な無人機でも、低速で長時間飛ばしたいときは、プロペラ推進とすることが燃費の上で有利であることはわかっているのだけれども、いくら火災事故を起こしにくいＪＰ－５燃料を給油されるターボプロップエンジンであったとしても、プロペラに由来する人命の危険だけは、心配のタネであることに変わりがない。

この点、プロペラをもたぬジェット機である「アヴェンジャー」は、ターボプロップ・エンジン搭載の「リーパー」よりも、はるかに《空母向き》のキャラクターだと評してよいのである。

さて、固定翼機を空母上で運用するには、もうひとつ、機体に注文がつけられてしまう。格納庫（格納甲板・整備甲板）との間のエレベーター移動が、問題なく可能であることだ。どんな頑丈な飛行機だろうと、常時、飛行甲板上に露天繋止していたら、塩害を無視できないし、大波をかぶったときに、ひとたまりもない。やはり普段は、格納庫にしまっておけなくては困る。

「プレデター」や「リーパー」は、主翼を折り畳む機能がないので、『いずも』型の前部エレベーター（床サイズが13メートル×20メートル）に、ギリギリ載せることはできるとしても、格納甲板内では他機のとりまわしをずいぶん邪魔してしまうことにならざるをえない。

しかしジェネラル・アトミクス社が２０１０年に米海軍に提案した「シー・アヴェンジャー」には、主翼の折り畳み機能が盛り込まれている。それならば、『いずも』型の前部エレベーターだけでなく、後部エレベーター（15メートル×13メートル）でも迅速に上げ下げしてやれるだろう。

この「アヴェンジャー」の開発史を紹介しよう。

ジェネラル・アトミクス社は2009年、「リーパー」（プレデターB）の後継機を求める空軍のコンペティションに、ターボファン・エンジン搭載で、機体のステルス形状にも配慮した「プレデターC」（アヴェンジャー）を売り込んだ。

アヴェンジャーUAVは、中国製の肩射ち式の対空ミサイルが届かない高度から悠々と精密誘導の小型爆弾を投下して、舟艇や島嶼陣地を爆砕できる。（写真／Wikipedia）

しかし機種選定作業は、2011年に米海軍特殊部隊がオサマビンラディンを急襲して処刑することに成功したのを承けて、オバマ政権（2009～）が中東からの米軍撤退に大きく舵を切ろうとしている風向きを読んだ空軍が、12年2月に、計画まるごとキャンセルしてしまった。

それでもジェネラル・アトミクス社は希望をつないだ。2010年に米海軍が、空母から運用できる無人の偵察・攻撃機を募集したからだ。

ジェネラル・アトミクス社はさっそく「プレデターC」をもとに、リーパー以前には無かった、主翼の折り畳み機構等も採り入れた「シー・アヴェンジャー」の試作にとりかかる。

一時、米海軍の運用構想は、「E‐2D」早期警戒機が後方から無人攻撃機を統制して、敵国（だれもが想像したのは中国）の沿岸内部を空襲させる——といった、相当に野心的なものになりそうだった。

ところが、よくわからない内部の事情で、米海軍の無人艦上機の性格規定は、二転、三転を繰り返した。そしてその議論は、いずれに落ち着くにしても、「シー・アヴェンジャー」にだけは不利になるように見えた。

ついに2018年、米海軍が「シー・アヴェンジャー」を採用する可能性は正式にゼロとなった。そこで、おそらく諦めきれないメーカーが、日本の海上自衛隊に提案してみたのかもしれない。

わが国は、本土に平地部分が少なく、そこには人口も密集しているために、「航空法」や「電波法」の平時の規制がことのほか強い。

おそらく、爆装した「プレデター」級の長距離無人機を沖縄県や九州内陸部の陸上基地から運用しようとしても、平時の訓練飛行の段階からして、有人機以上に事故予防を重視した、いろいろな自主規制を忍ばねばならないだろうと予想される。

絶海の孤島にある硫黄島基地であれば、本土に適用される電波法を気にせずに、思う存分に試験や訓練もできるであろう。

しかし、いくら「アヴェンジャー」の航続距離に余裕があるとはいっても、往復飛行の途中でエンジン不調を起こした場合のリスクなどは当然に考えておかねばならない。

やはり、運用の拠点は、「第一列島線」よりほんの少し西側の洋上とすることが、対中国の作戦上、理想的であるはずだ。往復距離が縮めば、残燃料をあまり心配しないで高速飛行（最大時速740キロメートル）もさせられる。

国産空母は、離島防衛には理想的な攻撃型無人機の運用を、わずかな改造だけで、実現してくれるだろう。

量子の方位盤

本書の執筆時点（2018年）で、もしも突然、まる1日のあいだ、GPSその他の航法衛星電波が止まるという事故が発生した場合、英国社会は、10億ポンド（1477億円）の損害を蒙ってしまうだろうという。

もちろん軍隊だって大混乱だ。

GPS信号を頼りに誘導爆弾等を精密に目標まで誘導することに慣れてきた軍隊（NATO軍）は、まだそれに慣れていない軍隊（ロシア軍、中共軍）よりも、大きな不利に陥ることは間違いない。

だからロシア軍や中共軍は、有事に必ず米軍のGPS衛星を破壊したり、地上のGPS局にコンピュータウィルスを送り込んだり、戦場で大規模な電波妨害をかけるつもりである。米側も同じ報復をするだろうけれども、互いに「盲目」となって相対的に有利になるのは自軍の方だから、やってしまった方が得なのだ。

英国防省はこの問題意識から、航法衛星電波に頼らずに、三次元的な精密な自己位置認識ができるような斬新なナビゲーション・システムの開発を、国内で推進させてきた。

2018年11月、彼らは、長さ1メートルのスーツケースサイズの「量子加速度計」の完成に目処をつけたと発表した。

これはいったいどのような「ゲームチェンジャー」になり得るのか。その原理から、解説しよう。

絶対零度近くまで冷やされた原子は、あたかも「量子」のような挙動を示すことが知られていた。すなわち、原子の雲が収められた容器外部のかすかな重力変化や、容器そのものの加速度変化に感応して動きが乱されるのだ。これを「摂動」と呼ぶ。

摂動の具合は、やはりレーザーを使えば精密に計測できる。

そのさい、極限まで精密な時計も組み合わせると、今までにない敏感な「加速度計」ができる。

だが従来は、ひとつのネックがたちはだかっていた。原子を絶対零度近くまで冷やしてやる装置が、とても小さくはまとまらないのだ。ひと部屋を占領するほどの寸法が、必要だった。

ところが、英国の科学者がブレークスルーを見つけた。ルビジウム原子にレーザーを当てると、絶対零度近くまで冷えてくれるのだ。

長さ1メートルの真空容器の中に、100万個から1000万個のルビジウム原子を封入しておく。それを3軸分、用意する（3次元の加速度を求めるため）。

室温ではそれらの原子はジェット機並のスピードで飛び回っている。が、レーザーを当ててやると、極端に急冷されて絶対零度に近づき、原子の動きは1秒に数ミリ程度まで落ち着く。

精密に時間を区切って、その直後に原子がどのくらい移動したかを測る。すると、容器そのものがどのように動いたか、あるいは、重力場がどのように変化したかが、わかるのだ。

今日、原潜用のINS（慣性航法装置）は、連続してまる1日使い続けていると、最大1キロメートルの位置誤差を蓄積してしまう。しかし英国チームが発明した量子コンパスを使え

手前の運貨艇と奥の補給艦が、潜水艦に魚雷を搭載中。直径533ミリのUUVであれば、魚雷と同様に扱えるはずだ。（写真／J-NAVY World）

ば、蓄積誤差は１日後でも１メートルまでに抑制されるという。

湾岸戦争直後のＧＰＳ受信装置は、高額で、かさばるものだった。しかし今では、単価数ドルの小さなチップでＧＰＳ電波が受信処理されている（すべてのスマホの中にそれが入っている）。

同じ「小型軽量化」の道を、この「量子コンパス」も、たどって行くだろう。すでに英国政府は２億７０００万ポンドの開発予算を２０１３年から投じてきており、艦艇用の「装備化」は時間の問題である。

その次の段階では、工事車両に搭載できるようになり、電波が届かない地下深くで穴を掘っている重機が、坑道内を三次元的にいかほど動きまわっても、常に正確に自己位置を把握できるようになるだろう。

それに続き、スマートフォンなどのモバイル端末に標準装備されるようになり、前後して、魚雷やUUV（無人水中機）、UAV（無人機）やミサイル、砲弾の中にも組み込まれるはずだ。

ロシア軍や中国軍が持ち出してくるGPS妨害システムは、想定戦場では無意味化してしまうだろう。

ただしこの量子コンパス、あまりに敏感であるために、課題も背負わされている。

たとえば、このコンパスを内蔵したUUVが、海底山脈の近くを通り過ぎると、量子コンパスは、重力に微かに引っ張られるのを感じ取り、あたかもその山脈から遠ざかる方向へ、UUVが少し加速したものと錯覚をしてしまう。

このような錯覚を補正するためには、海底全域の、精密な「重力地図」が必要になるのだ。

陸上自衛隊に「ドローン挽回」戦略はあるのか？

脚立の上に登ったり、カメラにモノポッド（他撮り捧）を取り付けて頭上に差し上げ、風景を撮影したことのある人なら、わかるだろう。

「視点」がほんのわずか高くなっただけで、得られる情報は一挙に三次元化する（クォーター・ビュー）。それまでの、地表に近い視点からの——舞台の書割を客席から眺めるに等しい

――「二次元」の情報では隠されていた、裏側や奥行きの真相が、暴露されるのである。

たとえば沖縄県の離島の波打際に立ち、水平線を双眼鏡で見渡しても、監視の利く距離は、前、右、左、どちらに対してもたったの4キロメートルでしかない。これでは沿岸監視も隙だらけとなり、夜間、船外機付きのゴムボートに乗った敵兵から、いかなる奇襲を喫してしまうやも測りがたい。

しかしもし、ドローンを高さ100メートルまで昇騰させて「4K」や「5K」のハイビジョン映像や、熱線センサーの画像を受け取ることができたならば、監視範囲は、ドローンを中心に半径36キロメートルの扇状に広がる。

文字通り、ISR（情報収集・監視・偵察）の「次元」が違ってくる。

ところが、わが陸上自衛隊は、世界の先進国陸軍のなかでは、おそらく最も無人機の導入で遅れをとっている。わたしが2009年に『「自衛隊」無人化計画』（PHP研究所刊）を書いてからも、一線普通科部隊の無人機陣容にほとんど変化があったように見えない。驚くべきことであり、呆れる。

この晩近の10年間に、アメリカ陸軍もアメリカ海兵隊も試行錯誤を重ね、地上作戦と無人機運用の融合をずいぶん進めた。中共軍も米軍のスタイルに必死で追随しようとしている。5年ほど前からは、中東のイスラム武装グループですらも無人機を操り出すようになって、いままでは何十機もの無人機がシリアのあちこちで日常的に駆使されているのだ。

運用経験を有する将兵が増えることで、部隊の各級における新たな課題も見出され、ドローンのハードウェアおよびソフトウェアは競争的に改善され、戦場での威力も増して行く。

ひとり、わが陸上自衛隊だけが、この趨勢から10年以上も取り残されたままであり、しかも、その遅れについて、誰も責任を負うつもりがないように見える。

どうかしているのではないか?

せめてオーストラリア軍を見習おう!

「世界で最も兵員あたりの空中無人機の実装数が多い陸軍になる」と宣言している豪州陸軍は、もっか、「RQ-7B シャドウ200」を最上位の無人偵察機として運用中だ。

自重200キログラムある「シャドウ200」は、プッシャー・プロペラ(ガソリン・エンジン駆動)の固定翼機で、射出はトレーラー上から圧搾空気式カタパルトにより行なう。回収は、制止ワイヤーを低く張った平地に、短い滑走で着陸させる。

イスラエルや米国の複数のメーカーは、「シャドウ」級のUAVでも楽に吊下(ちょうか)して発射できる直径70ミリの軽量な空対地ミサイルを開発している。豪州陸軍もいずれはその採用に傾くであろう。

「シャドウ」が高度2000メートル以上から戦場を鳥瞰して地形・地物の情報を味方旅団長等に与えてくれるのに対し、豪州陸軍の歩兵（おそらく中隊レベル）が手で投げて発進させ、5キロメートル以内の敵情を高度200メートルから探らせる近接偵察用無人機が、米国エアロヴァイロメント社製の「RQ-12ワスプAE」だ。

同機の自重は1・3キログラムしかないので、回収は低空で電池モーターをストップして強制墜落させればいい。コンセプトは、米陸軍と海兵隊が多用する「RQ-11レイヴン」と近似するだろう。もちろん夜間でも撮像ができる軍用のビデオカメラを搭載する。

しかしなんといっても豪州陸軍で注目されるのは、マイクロ・ドローンに分類される「PD-100ブラックホーネット・ナノ」（英国製）を、普通の歩兵小銃小隊に装備させたことかもしれない。

このUAV、自重はたった18グラムと、手乗り文鳥（重さ25グラム）よりも軽い玩具サイズの無人ヘリコプターでありながら、高度2メートル——つまり人の頭には当たらない——を、スズメ蜂のように飛び回って暗視ビデオ画像をしっかりと電送してくれるハイテク製品。さすがに、システム一式の値段は数百万円を下らない。そのため英軍でも米軍でも、特殊部隊にしかこのUAVは持たせてはいなかったのに、豪州軍は思い切って大量装備させることにしている模様だ。

ゲリラの潜んでいそうな市街地の偵察を命じられた斥候班が、街路の角の先に敵狙撃兵が潜んでいないかどうか、様子を探りたいときなど、この装備が重宝するだろうことは容易に想像がつく。

このほか、豪州陸軍は、ドローンの知識とスキルを同国陸軍の全将兵にできるだけ分け持ってもらうために、教育用として、深圳ＤＪＩ社製の市販クォッドコプター「ファントム」を３５０機、購入することも決めた。

げんざい豪州陸軍が22機保有する、有人の武装偵察ヘリコプター「タイガー」は、２０２０年代のなかばに運用寿命を迎える。しかしその頃には、各種の陸軍の無人機群が、有人偵察ヘリコプターをもはや不要な装備として仕分けさせるに至る可能性は高い。

小型のドローンは、有人ヘリコプターのように敵側のレーダーには映らないし、最前線を飛翔していても撃墜されるおそれがほとんどない。もし事故などで墜落しても、「タイガー」１機の値段とは、比較にもならぬ軽微な損失であって、穴埋めは即時に、幾度でも可能。有人機では、とてもそうはいかないのだ。

先進各国軍の開発課題は「スウォーム」に移っている

中国人チームは2017年2月、同時に1218機のクォッドコプター（4軸の垂直離着陸型無人機）を夜空にスウォーム（群蜂）飛行させて、LEDの点滅や発色を整然とさまざまに変化させる光のアートを展示したことがある。翌18年5月には、記録は同時1374機に伸びた。

ただし今のところそうしたデモンストレーションのほとんどは、事前にコントローラーや各機体に演舞のプログラムを入力し、離陸位置も最初から調節を済ませているものであろう。

任意の地上からバラバラに飛び立ち、あるいは飛行中の輸送機から一斉に放出され、空中集合した多数のドローンが自律的にフォーメーションを組み、1人のコントローラーの簡単な機動指令を受けるや、各機適宜の間隔を保ちながら一斉に目標に殺到し、故障機等の穴はただちに他機がカバーして埋め、多彩な調整攻撃パターンを実行できるような、「AIシステム化した攻撃任務スウォーム」は、まだどの国の軍隊でも実用化の段階にはない。しかし世界中のメーカーが、その研究開発を進めている。

かなしいかな我が自衛隊は、最初からこの競争の列外だ。まだ単体のUAVすら一般歩兵部隊が使いこなせていない段階なのだから。18年8月の「富士総合火力演習」にも、高額な砲兵用のヘリ型無人偵察機FFRS（遠隔操縦観測システム。富士重工製）を、出動させることができなかった。

スウォームを構成する各ドローン機体が、内蔵のAIソフトウェアによって自律的に相互間隔を調整し、最適のフォーメーションを組めるようなシステムが完成すれば、中共軍は、米軍の高額装備を無人機のスウォーム飽和攻撃によってで無力化できるようになると期待をかける。

たとえば、想像してみよう。重さ10キログラムの成形炸薬弾頭を抱えられるマルチコプター（多軸の無人垂直離着陸機）は、動きはスローだが、路外の戦車よりは敏捷だ。そのようなUAVのスウォームで1両の敵戦車を全周から包囲攻撃すれば、何機かは敵戦車の弱点を衝き、戦車は無力化されるだろう。

なにしろ10キログラムといえば、重量級の対戦車ミサイルや、155ミリ榴弾砲の弾に充塡されるTNT炸薬よりも多い。155ミリ砲弾は、戦車に命中しなくても、至近弾の爆風だけで戦車の履帯を壊してしまえる威力がある。まして現代の最新型戦車は、デリケートなセンサーの受光部を損傷させられただけで、戦闘に差し支えるのである。

いうまでもなくこの対戦車攻撃では、スウォームのオペレーターは、1機ごとに飛行コースを指示してやる必要などはなく、ただ、攻撃すべき目標戦車を指示するだけでいい。指示を了解した各機体内蔵のＡＩが、空中で最適なフォーメーションを組んで、協調的な攻撃を自律的に実行してくれる。

「レーザー対スウォーム」の未来戦場

これに対して米軍側では、対空レーザー砲だけが中共軍のＵＡＶによるスウォーム攻撃への回答だろうと見極め、陸上用の車載タイプ、海上用の艦載タイプ、そして航空機搭載タイプの実用化を急いでいるところだ。

たとえば米陸軍は２０２３年までに出力50キロワットのレーザー砲を、８輪の装甲兵員輸送車に搭載できるまでに仕上げるつもりだ。そのくらいのエネルギーであれば、ドローン撃墜には十分なのだそうである。

参考までに、２０１８年、珠海で2年に一度開催されている国際航空宇宙エキスポには、中国メーカーによるトラック車載の30キロワット型対空レーザー砲「ＬＷ30」が出展された。この分野の開発競争でも、わが国だけが遅れている。

中共軍側としては、ひとつのスウォームを構成する機数を巨大化させることが、米軍の対空レーザー砲への対抗策になり得るだろう。その大群の一部分をもって相手の迎撃能力（対空ミサイルや機関砲やレーザー）をわざと吸引させるといった駆け引きも可能になる。

海上では、たとえばシナ大陸の近海において、全体として疎散なフォーメーションで小型無人機を低空・低速飛行させたならば、米艦隊の警戒レーダーをかいくぐれるかもしれない。

他方で、スウォームの小隊を、本集団からじゅうぶんに離した空間でわざと密集飛行させれば、レーダー反射が大きくなるので、米艦隊はその空疎な塊に向けてスタンダード艦対空ミサイルを発射するかもしれない。しかしそのミサイルが到達する直前に小集団をバラけさせてしまえば、ミサイルで撃墜される無人機はないだろう。

小型無人機で大型空母を撃沈することはできないけれども、艦橋上のレーダーや通信アンテナを損傷させたり、飛行甲板に小型のクラスター破片爆弾を多数撒布することはできる。それで艦上戦闘機に深刻な傷をつけることができなくても、空母として期待される本来機能は暫時、停止させられる。そのような破壊を「ミッション・キル」と呼ぶ。

立場を入れ替えると、空母艦隊の側でも、艦載の無人機スウォームにより、随意の場所に「囮空母」の電波反射像を構成できるかもしれない。対艦ミサイルを、そちらに吸引するわけだ。

2009年の拙著『もはやSFではない無人機とロボット兵器』（並木書房）でも解説した

ように、「群知性」を発揮する機械羽虫のスウォームを最初に描いてみせたのは、ポーランド人SF作家のスタニスワフ・レムであった。レムは、朝鮮戦争で中共軍が見せた人海戦術と「中ソ対立」の暗雲に刺激されて1960年代の前半にその話を書き上げた（英語訳タイトルは「The Invincible」、邦題は「砂漠の惑星」）。レムのスウォームへのオマージュを、約40年後にシリーズ映画の『マトリックス』が盛り込んで現代人の視覚を驚かせた。そして今日ふたたびスウォーム攻撃が中国人の手により再現されようとしているのは面白い。

ちなみに野生の世界ではハチのスウォームが諸動物から恐れられているだろう。ところがハチが嫌う強敵も存在し、それはアリだという（ハチもアリの仲間なのだが）。蜂の巣は、蟻から総攻撃を受けないような設計になっているという。

UUVスウォームと機雷戦

ちかごろ中国海軍は、メディアを通じて、「UUV（無人潜水機）によって米空母を無力化できる」と豪語している。

香港の『サウス・チャイナ・モーニング・ポスト』紙は2018年7月22日、中国海軍が、米国海軍に対抗して、航洋力のある特大型の無人潜航機＝「XLUUV」を開発していて、西太平洋域の米海軍拠点も攻撃目標にすることができ、その任務には機雷撒布が含まれる、と報道した。

米海軍が2020年にXLUUVを試験運用する計画があることを先行して発表しているので、それに対抗して、2021年（中国共産党の百周年）に実戦配備するのだという。

米海軍は機雷の威力をよく知っているので、中国軍と「開戦」したら、東シナ海や南シナ海から、いったん水上艦を遠ざける。そんな海域で日本の「空母」が動き回れるはずもない。海自の護衛艦は、有事にはフィリピン海から作戦するしかないのだ。写真は米海軍の掃海訓練。（写真／US Navy）

ただし、今後3年間のために用意した予算はたったの3000万ドルだそうだから、どこまで本格的なものなのかは疑問と評せざるをえない。

このプレス・リリース自体が、「宣伝のためのフェイク・ニュース」と見る向きもあるだろう。プーチンが宣伝に力を入れている《水爆弾頭を搭載した核動力の長距離魚雷で米国東部の主要港湾を吹き飛ばしてやる》秘密戦略兵器「ステイタス6」――の、ひそみにならっているだけかもしれないのだ。

おそらくは、米空母が西太平洋域のどこかの港湾内で油断して碇泊中のところを中国海軍がUUVのスウォームで「開戦奇襲」できた場合にのみ、脅威は現実味を帯びるであろう。

が、対外関係が緊張するや早めに出港して行方を外洋上にくらますことになっており、さらに臨戦状態では陸岸からはるかに間合いを取った海域で時折り30ノットの猛スピードを出して不規則に変針し続ける核動力の米空母に、UUVが水中から追いすがれるようにしてくれる電池は今のところ存在しないし、水中でUUV同士が常続的に連絡を取り合う手段もないのである。

それでも、できもしないことを「できる」と言っておけば、とりあえずブラフになるだろう。

ところで、日本政府が2018年末に閣議決定した「中期防衛力整備計画」(中期防)に、島嶼防衛を強化するための警戒監視能力のある大型UUVの開発を明記したことには、どんな意味があるだろうか。

これは、米軍が1979年から実用化している「マーク60 CAPTOR」の代用物で、宮古海峡などの「第一列島線」の隙間を臨機応変に埋めてしまうための装備なのだろう。

「カプセル魚雷」の略称であるCAPTORは、空軍の航空機からでも、また水上艦や潜水艦からでも投下して敷設することのできる、米軍秘蔵のロボット機雷システムだ。もともとのターゲットは、冷戦期におびただしく数を増やした、ソ連の潜水艦隊だった。

対潜水艦用の「マーク46」ホーミング魚雷を1本封入したカプセルを、水深300〜900メートルの深海底に敷設しておく。聴音器を目覚めさせたCAPTORは、ソ連製潜水艦の特徴的な音紋（ノイズパターン）だけに反応して、自動的に魚雷を放出する仕組みだった。

たった1個のCAPTORでも、敷設点から半径7キロメートル以内は、敵潜水艦が通航のできない海域に変えてやることができた。重要海峡や敵の軍港の出口などの「チョーク・ポイント」を封鎖するには、屈強の手段だった。

横須賀や佐世保は都会の近くなので大量の繋維機雷は保管しにくく、今や海自の機雷ストックは大湊と呉に僅かばかりあるだけだ。しかし在庫の航空爆弾を沈底機雷に変えられる「クイックストライク」という改造キットならば、水蓄火薬庫に貯蔵する必要もない。頭を使って戦略所要を満たさねばならぬ。写真は往年の米軍攻撃機に「CAPTOR」機雷を吊下する訓練風景。
（写真／Wikimedia Commons）

ソ連もCAPTORの同格品をなんとか模倣製造しようと努めたものの、それはついに成功していない。

音紋の精密な照合に関する技術は米海軍にとって門外不出の秘密としておく価値のある分野だから、米国はCAPTORを同盟国に売ったこともない。

ロシアも中共もいまだに真似ができないでいるこのＣＡＰＴＯＲを、日本メーカーがとつぜん製造できるとは思えない。

無差別に近傍の潜水艦を片端から攻撃してもよいのならば話は簡単だろう。けれども、米国のＣＡＰＴＯＲですら、音紋識別には１００％の信頼度はないらしいのだ。

万一にも、日本製ＣＡＰＴＯＲが中立国や同盟国の潜水艦を誤って撃沈してしまったなら、政府は窮地に立たされるだろう。

日本メーカーがＣＡＰＴＯＲを製作できたとして、政府がそれを調達し、部隊配備するためには、特別な「法的な運用マニュアル作り」も必要なはずだ。公海や国際海峡、他国が主張するＥＥＺ内にこれを仕掛ける場合の、国際法や政府見解とのすりあわせ、ならびに、殊に中共からの宣伝的非難攻撃に政府首脳をしてどう反駁せしめるかの文章指南は、甚だ面倒くさいと、外務省には思われることだろう。そこに気をまわしたならば、防衛省も今まで装備要求などはできなかっただろうと想像することができる。

大型ＵＵＶならば、とりあえずは非武装としておいて平時は水中聴音に専任させておき、いよいよ中国との戦争が本格的に始まった後から、たとえば浅海面用の沈底機雷（これは水上艦も潜水艦も差別しない）を実装させるなどのフレキシブルな活用を選択できて、好都合だろう。

歩兵が小銃でUAVを撃墜できる「AI照準器」

イランがヒズボラ（レバノンのイスラム・ゲリラ）に供給する小型無人機に悩まされているイスラエル陸軍は、4倍スコープで、夜間でも小銃でUAVを撃墜できるような、電子式照準器を開発中だ。

このAIアシスト照準システムは、先行する米国のトラッキングポイント社（2011年設立）の製品シリーズ（最初の市販は2013年、夜間対応型は2016年に登場）を参考にして、極力、価格を抑制したものらしい。

トラッキングポイント社は、電子照準器と、その照準器の性能を発揮させるよう特別にカスタムした既製の新品ライフル銃の本体とをセットにして、

ライフル用AI照準システムのさきがけ、「TrackingPoint」社のディスプレイ。引き金を強く引いたまま狙えば、コンピュータが機械的に撃針を落としてくれる。この他、多数の目標候補を続けざまに照準して最短時間で1発ずつ当てて行くためのモードも用意される。非常な遠距離になれば、特別に計量し直した実包でなければ精度は保証されない。AIも、弾薬のバラツキまではカバーできないのだ。（写真／Wikipedia）

「プレシジョン・ガイデド・ファイアアーム」と名付けて販売している。

買い手は、人気の高い数種類のライフル銃（猟用）を選択することができる。

本書執筆時のレート、1ドル＝113円とすれば、安いセットが7000ドル＝79万1000円。高いセットで1万7000ドル＝192万1000円という価格帯だ。2013年の初期製品だと、まだ量産品ではなかったために300万円近くもしたという。

その代わりに、さすがに性能は驚異的である。

0・388インチ（ラプア・マグナム弾）仕様のボルトアクション狙撃銃にこの照準器を取り付けたカスタムセットの場合、1280メートル先を時速32キロメートルで横行している標的に、初心者が放った初弾が命中してしまうというのだ。

ただしそれは昼間の話。

軍用銃と同じ5・56ミリ弾仕様のセミオートマチック猟銃と組み合わせた場合の夜間射撃だと、スコープの側から赤外線を照射する方式で、距離180メートルまで狙えるという。

軍隊が最前線で使うことを考えた場合、こちらから赤外線を発するのは、夜間に自己位置を暴露するに等しい。しかし夜間に飛来する小型のUAVは、人間の兵隊のように発熱面積が大きくなくて、パッシヴ型の暗視スコープでは、視認がしづらいかもしれない。イスラエル軍はその問題に関心が深いことだろう。

なお米陸軍は2014年にサンプルとしてトラッキングポイント社の製品を6セット買ってテストしたというが、正式採用は見送った。どうやら、このシステムのメンテナンスには非常な繊細さが要求されるので、戦場で余儀なく乱暴に取り扱うこともある野戦兵器としては、ユーザーから感心されなかったように見える。

シンプルなドローンが歩兵戦闘の様相を変える

米海兵隊は、エアロヴァイロメント社製の「スイッチブレード」という、ロイタリング&特攻自爆する、対人用の使い捨てUAVを、部隊に配備するつもりである。

歩兵ひとりが携行できる寸法の、保管容器を兼ねた、小さなキャニスターを地面に斜めに立て、そこから圧搾ガスの力で射出されると、「スイッチブレード」は、空中で主翼を展張し、プロペラを電池モーターで回して、敵陣の方角へ飛翔する。

そして機載の赤外線センサーで眼下に敵歩兵を検知した「スイッチブレード」は、その上空にとどまるような旋回（ロイタリング）を続ける。

ビデオ映像を受信しているオペレーターがモニターを見ながら許可を出せば、指定された敵兵――指揮官や狙撃兵やミサイル操作兵、もしくはゲリラの頭目クラス――の頭上に機体は動

ロイタリング型自爆無人機のひとつ、「スイッチブレード」。システム重量が2.5kgしかないので、歩兵１名で背中に担いで運搬し、格納チューブからそのまま発射できる。写真は４枚の翼が展張される瞬間を説明している。同時に電気モーターがプッシャー・プロペラを回す。15分飛び続ける間に、オペレーターは、どの目標に突入させるか決める。（写真／AeroVironment社HP）

力ダイブし、小型弾頭が爆発するのだ。

炸薬量は最小限なので、すぐ近くに民家等があっても、住民に余計な側杖被害を与えることはない。対テロ／対ゲリラ作戦向きの配慮がされているわけだ。

「スイッチブレード」は一回使い捨ての装備であって、帰投させたり回収することも考えなくていい。おかげで、「マルチコプター」の形状（揚力を発揮させるコストが高く、保管が面倒で、しかも滞空時間は比較的に短い）を採用する必要はなく、固定翼機にできた。その素材や構造や部品も極力、ありふれた単純なものとすれば、さらにコストを下げる余地が大きいのである。

同様の「自爆型ＵＡＶ」は、中国メーカーも各種開発して、アフリカ諸国などの海外バイヤーに提案している。対戦車用や、対艦艇用も開発されていることは確実だ。また対歩兵用のタイプだと、オペレーターの許可なく自動的に突入自爆させるコマンドも、オプション装備されているると考えていいだろう。住民被害の抑制など、独裁政権や後進国の買い手の方では、ちっとも望んでもいないからだ。

世界じゅうの軍隊や武装集団がこのようなUAV装備を普通に保有するようになると、前線近くの歩兵たちには、いままでとは違った「生存スキル」を身に付けることが求められる。

たとえば従来、歩兵分隊がその場の地面へ伏せたまままったく身動きもできなくなるという状況は、敵の機関銃から不意に連続的な制圧射撃を受けてしまったような場合に限られた。

しかしやがては、歩兵たちの頭上で敵側のドローンがロイタリングを始めたなら、まだ1発の弾丸も砲弾も、敵陣からは飛来していなくとも、味方歩兵は、その場で凍りついたように、動けなくなるかもしれない。

動けば赤外線センサー（またはモーションセンサー）に探知されやすくなるし、敵のオペレーターが「あいつに向かってダイブ&自爆せよ」というコマンドの目印をつけてしまうかもしれないと、下の歩兵はおそれるからだ。

小型固定翼無人機は、楽々と数十分間のロイタリング旋回ができる。手榴弾サイズの弾頭しか内蔵していないドローン1機のために、分隊は足止めされてしまうのだ。

さりとて歩兵たちはいつまでも旋回する敵ドローンを見上げつつ地面に伏せているわけにも

いかない。その敵ドローンは、後方の砲兵に攻撃目標を教える観測機かもしれないからだ。ぼやぼやしていると、大型の誘導ロケット弾が飛んでくるかもしれない。

新環境に適応した創意工夫も続々と……

猟師が良い銃を持って単独で——あるいは数名で——深い山に入っても、そもそも獲物が見つけられないのでは、稼ぎはほとんどないだろう。

そこで有史以来、猟師たちは猟犬を1匹以上、同伴したのである。人より遠く先行した猟犬は、吠え声によって、猟師に獲物の位置を知らせた。犬が鳴いてくれなくては、猟師はあてずっぽうに山野をさまようばかりだ。村人を襲った狡猾な猛獣を仕留めてくれと頼まれても、それではとても負託に応えることはできまい。

古今東西、職業としての銃猟の効率を競う場合には、犬が決定的なファクターだったのは疑いもない。

しかしアフガニスタンでアメリカ軍は過去十数年、ゲリラ相手に「猟犬無しの銃猟」を続けてきたようなものだった。

敵ゲリラと同じ平面に位置する対ゲリラ部隊は、アフガニスタンのように彼我の「小火器間合い」が最大限に——大概は500メートル以上——遠ざかる戦場では、いくら高性能の双眼鏡を使っても、地形・地物の陰を伝って自由に進退する敵兵の姿を捕え続けることができない。

およそ小銃分隊は、せめて、敵ゲリラが身を隠している位置情報について、自己を基点とした方位角（アジマス）だけでも、リアルタイムで精密に承知ができなければ、弾丸を何万発、ただ銃声が聞こえる概略方向に向けて撃ちかけようと、すべてムダ弾である。

それには、三次元の眼、つまり空からの偵察によって敵ゲリラの現在位置を把握した上で、それを地上の味方最前線部隊に、彼我の精密な方位角の情報として教えてやる必要があるだろう。

ところが、これまでどういうわけか、低空密着ロイタリングと、点滅パターンに個性のあるストロボ発光によって、敵ゲリラの刻々と変わる2次元的な位置方位を味方小銃分隊に視覚的に教えてやれる「猟犬」ドローンが、歩兵分隊の装備として、考案されなかった。

敵兵がいったいどこにいるのか、それがアフガンではわからないために、米軍の小火器分隊は、遠間から無闇やたらと探り射ちや脅かし射ちをするしかない。あたかも猟犬なしの猟師たちと異ならず、ゲリラは十数年間、跳梁を続けている。

「スイッチブレード」のように簡便に使えるシステムで、小火器間合いギリギリの範囲で敵ゲリラの熱線を捜索し、まさしく敵ゲリラの頭上でストロボ発光しながら「8の字旋回」し続けてくれるだけのUAVが、ゲリラ討伐に任ずる小銃分隊には、必要なのだ。

敵の方位さえしっかりと判明すれば、こちらの武器がありふれた性能のライフル銃でも、問題は1発で解決する。

ゆえに米軍は、小銃や分隊軽機の改良などよりもまず、使い勝手がよい簡易ドローンを分隊や個人に持たせることを優先すべきだった。その次には、歩兵銃付属の電子照準器の高性能化に資金を突っ込むことが有益なはずであった。

敵の伏せている方位が精密に知らされているならば、あとは照準眼鏡をズームさせるだけで、弾丸を撃ち込むべきポイントは見つかる。

兵隊の命がかかっている歩兵銃の照準眼鏡が、民生用のオートフォーカスの望遠監視カメラよりもズームのピント合わせが遅いなどということが、ゆるされてよいとは思えない。

これぞ日本向き！「テーザー給電式マルチコプター」

マルチコプターは、回転翼の回転軸が複数ある（一般には4軸で、大型機になると8軸くらいまでも増える）垂直離着陸機で、今日の趣味用ドローンや民生用ドローンの主流となっているスタイルだ。

そのマルチコプターのテーザー給電式というのは、マルチコプターの電気式モーター（各軸ごとに1個あり）に給電する電源が、機体にではなく地上に置かれていて、そこから細い電力ケーブルにより、上空に浮揚している機体まで送電され続ける方式である。

その電力ケーブルには、信号ケーブル（軍用ならば光ファイバーになるだろう）も付随する。

そして、それら全体で「繋止索（けいしさく）」（つなぎとめる紐＝テザリング・コード）の機能も果たすので

防災用に提案されている国産のマルチコプター型テザリング・ドローンの例。（写真／樋口 幹）

ある。

突風が吹いたり、何らかの不具合で空中のマルチコプター・ドローンの制御が不如意に陥っても、繋止索がついていれば、その紐の長さ以遠へ逸走して行方不明になることはない。

万一墜落してしまっても、ケーブルを１００メートルばかりたどって行きさえすれば、たとい沼に水没した機体であってもすみやかに発見して、確実に回収もできるわけだ。

今日、世界の趣味用空撮ドローン市場の四分の三を依然としておさえている中国のＤＪＩ社の見通しでは、２０１８年の個人用ドローン市場の規模は17年よりも2割増えて３７０万ドルに達するという。

世界市場シェアランキングの2位はフランスの玩具メーカー「Ｐａｒｒｏｔ」社であり、3位は別の中国のメーカー「Ｘｉａｏｍｉ」社だ。

いったい、かくまでも勝負に出遅れてしまった感のある日本のカメラ付きドローンのメーカーが、今からＤＪＩ社のベストセラー商品群を特定の性能において凌駕したり、さらにそれによって、たとえばわが陸上自衛隊の小銃分隊レベルでの無人機運用力の空白をいっぺんに埋めてくれるぐらいの上出来なマルチコプター・ドローン・システムをこれからまとめあげることなど、果たして期待し得るだろうか？

わたしは、それはじゅうぶんに可能であると考える。

「テーザー給電式マルチコプター」のコンセプトを陸幕が大方針として正しく選択しさえすれば、おそらく一挙に実現するだろう。

どうしてなのかを、以下に説明したい。

げんざい、先進国軍隊は、戦場におけるドローンの「ハードニング」に智恵を絞っている。ハードニングというのは、敵の銃弾が当たっても落ちないようにしよう……という話ではぜんぜんない。もっぱら、敵からのＥＣＭ（電波妨害）に強いシステムにしなければ、という問題意識だ。

いまのところ、ドローンを最も効率的に無力化する方法は、やはりＥＣＭであろう、と各国軍では考えているのだ。

オペレーターからドローンへ送られるコマンド電波信号を妨害、もしくは偽の信号を届けてやったり、ドローンからオペレーターに送信されるビデオ・データの電波を阻害したり、ドローンが姿勢制御の頼りにしているＧＰＳなどの航法支援電波を攪乱したりする方法が、いろいろと工夫され、年々、強化されている。それにともなって、対策技術も日進月歩で洗練されている。

この、ドローンをめぐる電子の戦いに、そもそも参入すらしていないわが国のメーカーや自衛隊が、これから国産の無線操縦ドローンを装備化しても、ＥＣＭへの対策が初歩的にすぎて、最前線にあらわれた敵軍の精鋭電子妨害部隊のために、一斉に無力化されてしまうのがオチかもしれない。

しかし、テーザー式ならば、敵の無線ECMは効かない。のみならず、高品質の光信号操縦方式にしておけば、核爆発や太陽磁気嵐にともなうEMP（電磁波パルス）にも、相当程度の耐性を発揮してくれるであろう。

ここで磁気嵐について、少し解説しよう。

1972年5月上旬、北ベトナムによる「グエン・フエ攻勢」（イースター攻勢）から南ベトナムを守るために、米海軍は空母搭載の攻撃機を使って、ハイフォン港口などに1万1000発以上の沈底機雷を空中から撒布した（港内のソ連船などに安全な退避の余裕を与えるため、最初の撒布から5日後に信管が活性化することが諸外国に報知された）。

その信管の電池は約1年間もつので、掃海されない限り、北ベトナム沿岸の航海が来年まで阻害されるはずだった。

ところが同年8月4日、各所でとつぜんに海底の数十発の沈底機雷（磁気信管付き）が自爆（早発）したのである。

この一件の原因調査結果は、いまも軍機に属している。磁気機雷を掃海する方法の重要なヒントになるからだ。

だが民間研究者たちには、原因は、当時観測されていた太陽表面の大きなフレアからの磁気嵐であろうと推定できた。要するに、高緯度地方でオーロラが発生するときには、ベトナム沖の磁気信管も撹乱されてしまうのだ。

太陽からの磁気嵐は、電話線や電灯線に誘導電流を発生させて、ブレーカーを作動させることにより、経済活動に混乱を発生させるおそれもある。1989年3月には、カナダのケベック州で磁気嵐のため送電線に誘導電流が発生し、結果として9時間も停電した例がある。

さらに遡ると1859年、地球は、太陽を発生源とするとても大きな磁気嵐に包まれたという。もしも当時の世界が今ぐらいに電化されていたならば、グリッド（送電網）には壊滅的な悪影響が及んだだろうと見積もられている。

そして、それと同等かそれ以上のEMP事象が、これから10年以内に起きる確率は12％あるそうである。

その場合、発電や送電関係の周辺機材も広範に損傷してしまうことから、グリッドが復旧するまでに、北米において何カ月も要するかもしれない。

最悪の想定では、米国だけでも被害総額が2兆ドル（ハリケーン「カトリナ」の被害の20倍）になるかもしれないという。

有線コントロール方式の強みとは

日本で無線遠隔操縦式ドローンが発展できなかかった原因のひとつに、総務省の電波法の縛りが日本本土の隅々にまで及んでいて、自由にのびのびといろいろな電波信号を試しながらドローンの開発や実験を繰り返せるような環境は、無人の離島か、公海上の船舶の上ぐらいでしか、得られなかったことがあろうと思う。中小メーカーやベンチャー企業家には、島や貨物船を何年も借り切って実験に専心できるような資力は、そもそもないであろう。

しかし、テーザー式のドローンならば、開発過程でも、訓練や演習のときでも、本番の出動準備中にも、国内の平時の電波法を気にかける必要はない。コマンド信号も、画像情報信号も、閉じたケーブル内を往復するだけ――すなわち有線通信なのだから、当然である。

わたしたちがインターネットに接続するとき、有線、それも光ファイバーでルーターまでやってくるワイドバンドの信号は、圧倒的に大量で高速である。それと比べると、無線電波に乗ってモバイル端末まで届けられるデジタル信号は、有線接続時ほど大量でも高速でもない。また、付近の利用者が増えれば、周波数帯は混雑し、通信速度が遅くなることもある。

同じことが、ドローン運用についてもそっくり、あてはまるのだ。

有線ドローンは、無線ドローンよりも、細部のよく見える、高画質なビデオ信号を、オペレーターの手元のモニターに、送り続けることが可能である。

この信号は、近辺の他のドローン利用者たちのそれと、競合したり混信したりすることもない。したがって通信速度はいつでも常に「最高速」が約束されている。敵は、それにいかなる電波干渉も及ぼすことができない。

有線式はケーブルの重さが死重となるが、その何十倍も重いバッテリーを機体から除外でき

米軍は2019年から「ラピッド・ターゲット・アクィジション」という歩兵用の画期的な小火器照準システムを導入する。小銃にとりつけた長赤外線スコープの画像がワイヤレスで兵士のゴーグルに映示されるのだ。兵士は、銃だけを物陰から突き出し、標的を探してマーク。AIが「いま射てば当たる」サインを出したときに引き金を引くと、据銃せずして弾丸が命中する。写真はそれとは関係ないが、米国MTEK社が車両乗員向けに開発したFacial Armor SysTem G4という軍用フルフェイスヘルメット。(写真／米国MTEK社HP)

ることによる、揚力維持のためのモーターの消費電力の低減のメリットは大きい。モーター過熱は、マルチコプター型ドローンでは大きな問題になるからである。

呼び戻し途中にバッテリーが切れて行方知れず……などという失態も、テーザー式マルチコプターならば決して起こらない。バッテリーがある限り、時間無制限に昇騰させておくこともできるのだ。

電源と揚力と通信速度に余裕があるなら、本体にレーザー・スキャナーも搭載できるだろう。分隊長や小隊長が、眼前の戦場地形の「3D」（クォーター・ビュー）地図を、敵に気付かれずにドローンを浮揚させた後、数秒にして取得し、それをVR（ヴァーチャルリアリティ）ゴーグルに焼き付けておいて、自分がこれから採るべき戦術をゆっくり考える――といった利用法も、実現できるに違いない。

ユーザーの敷居も低くなる

ホビー用ドローン市場の7割を制覇しているDJI社製品を例にとると、機体本体とコントローラーを買ってきただけでは、ユーザーはそれを操縦できない。

モバイル端末（スマートフォン）に、DJI社の専用アプリケーションをインストールしなければならないのだ。そのアプリを起動するときには、「ＤＪＩアカウント」への登録やコントローラーのモード設定など、細々とした入力作業が要求される（このアプリは、以後は自動的に最新バージョンに更新される。アメリカ国防総省では、対中国の防諜上、ユーザーから機微な米軍情報が集められる危険が大きいとして、全将兵にＤＪＩ製品の使用を禁じた。ダウンロードしたアプリケーションもスマートフォンから削除するように命じている）。

スマホではなく、別あつらえの高性能な無線操縦機材を使いたいというユーザーは、その自弁コントローラーと機体との間で「無線のペアリング」の作業をしなければならず、これがうまくいかないと次の段階へは進めない。

いちばん普及しているＤＪＩ社製品であっても、起動時に通信がなかなか繋がってくれなかったり、操縦中に不意に通信が切断することは時に発生するとされる。

ドローンが撮像したビデオカメラの信号、特に４Ｋとか５Ｋのハイレゾ映像を、タイミングの遅延なしで操縦者が得たい場合には、「５・６ギガヘルツ」帯を使う必要がある。

ところが、わが国でこの周波数帯で通信しようとする者は、「第四級アマチュア無線技士」の国家資格（総務省管轄の無線従事者免許）を所持していなくてはならない。

その試験は、法規や無線工学の知識を問う内容で、年に11回行なわれており、難易度は、小学生でも合格可能なレベルだというのだけれども、試験手数料は５千円強かかるし、ずぶの素人がどこかで講習を受けたいと思ったならば2日間で費用が2万円ほども必要だ（映像の届くタイミングが遅くてもよいのならば、ワイファイ用の電波帯である「2・4ギガヘルツ」を選択すればよく、その場合、操縦にさいして諸種の免許は要求はされない）。

これがレース用のマルチコプター・ドローンともなると、地方総合通信局から各自のコントローラーの「無線局免許」を取得せねばならず、諸手続きのためにまた1万円前後の費用が追加で必要になる。

まるで、ユーザーの裾野が広がらないようにお上が願っているのだとしか思えない諸規制のせいで、日本にはDJI社のようなベンチャーは育ち得なかったのかと考えると、わが国の現状も得心できる気がする。

ともあれ、テーザー式ドローンの導入によって、こうした日本独自の制約も、一切消滅してくれるだろう。

有線ならば、スマホもルーターもワイファイ環境も要らない。無線関係の法令もスルーできる。

ここには、日本のドローン・メーカーにとっての、唯一の逆転勝利のチャンスがあるのだ。

第7章　人間がＡＩに勝つ方法はあるのか？

まず「ＡＩにできないこと」を知れ

日本の企業や役所の意思決定スピードの遅さからして、このまま行くと、近い将来のわが国が、米国はもとより、中国産のＡＩ製品群ともわたりあって行けるのかどうかについては、はなはだ心もとないものがある。

とりあえず、「ＡＩには何ができないか」を考えておくことが、有益だと思われる。

戦争や国際政治の世界では、決定・決心を敵よりも速くし、敵を出し抜き、終始、敵を翻弄しながら、決勝まで持ち込んでしまえたなら、とても安全であり安価であり有利であろう――

と、概ね（おおむ）考えられる。

ならば、戦争や政治の決定や決心を、「ＡＩ任せ」にできるものだろうか？

ＡＩマシーンは、ユーザー（幕僚長や総理大臣）の思い描く「ゴール」や「意図」についての、明瞭なブリーフィングを、結論を計算し始める前にまず、必要とするであろう。

ところがユーザーの方としては、自分の匿している本心のすべてを、たとい機械相手ではあっても、証拠が残る形で入力するわけには、絶対に行かない場合がしばしばある。

たとえば、米国は、「イランの弾道弾のＮＡＴＯに対する脅威」を名目として、ルーマニア領内に「地上配備型イージス」基地を建設している。だが欧州人は、その基地が「ロシアの核ミサイルのヨーロッパに対する脅威」に対処する措置の一環であることを、心の中で、至ってあたりまえのこととして了解をしている。もちろんロシア政府にもそれはピンと来ている。

だがもし米国指導者が、その底意を公的に語ってしまえば、内外のメディアに騒ぎの材料をわざわざ提供するに等しい。敵陣営が焚きつける非難やイチャモンへの反駁のために、有限の政治資源が割かれなくてはならなくなる。ＡＩの寿命は永久無限だが、人間の一生のうちの活躍可能期間は有限である。だから人間世界では、政治家がそこを計算してできるだけ余計な摩擦を事前に回避するように気をつけなければ、現実政策が前へ進まないのだ。

同じように、日本の自衛隊は「北朝鮮対策」を名目として、いろいろな新装備を充実させてきた。しかし、じつはその想定用途の真の対手が中国軍であることは多々あるだろう。

もちろんこのような、真の目的をあいまいにした安全保障整備事業は、どこを探しても文書証拠は摑まれないように注意深く推進される。したがって、わたしがいろいろな場所でこのように解説をしても、防衛大臣がきっぱりとそれを公式に否定することができる。

要するに、リアルな人間たちの政治の世界では、「語られないこと」が「存在しないこと」とイコールだとは限らないのだ。

ロシアは、帝政時代に支配していた最大領土を、軍事力で取り戻すつもりである。すなわち、バルト三国とポーランドの東半分、フィンランドやスウェーデンの一部は、好機が到来し次第、再併合したい。戦術核兵器の先制使用を伴う侵略戦争の結果を受け入れる覚悟も、すっかりできている。

同様に中共政府は、清朝時代の最大版図を、取り戻すつもりだ。シベリアと樺太（樺太アイヌが沿海州の夏季の交易所で清朝役人の指図に従っていたことは間宮林蔵も報告していた。その前には、アイヌに圧迫されたギリヤークに懇請されて元朝が軍隊を樺太に派遣したと『元史』は主張している）を領土化すれば、彼らの大きな課題である原油のアウタルキー（域内自給）が半ば達成され、米日豪印の四カ国による海上封鎖（ブロケイド）作戦も恐れなくて済むからだ。

ロシアとの国境について、過去に二国間条約や国際条約を何度署名し、批准していようとも、そんなの儒教圏人には関係ない。儒教圏では常に、そのとき偉い者（もしくは強い者）が、横紙破りをしていいのだ。

しかし、そういう本音を政府首脳が公言することは政治的に何のプラスにもならないと、現代ロシア政府要人も現代中国政府要人もよく弁えている。

底意はとっくに天下に悟られていても、それを公人が最後まで公言せぬことが国家にとって安全・安価・有利であることが、リアル政治やリアル軍事の世界にはままあるわけだ。

それに対してたとえばＩＢＭ社の「ワトソン」のような人工知能は、オペレーターが入力してくれようともせぬ、百科事典にも明記されていない、秘められたままの真の欲望までは、忖度しない。

ＡＩには、文字入力でハッキリと条件付けられたり、音声でハッキリと諮問されぬ限り、政治家たちの「秘めたる思い」を満足させる回答を効率的に提示することは、むずかしいだろう。

さればとて、政治家がデータや音声でそんな本音（人種的、民族的、個人的な好悪も含む）をＡＩ相手に吐露したことが、後でハッキング等によってほじくり出されてしまいでもしたら、ひとりその政治家のキャリアのみならず、その国家の評判にとってもとりかえしのつかないスキャンダルになるはずだ。

無生物であって自分の時間も無限に続くＡＩは、いつか死すべき生身の人間の抱く「羞恥」や「憤激」「恨み」「同情」「後悔」「焦燥」「未来の汚名への嫌悪」等の感情を理解することはできない。

戦術上のアドバイスをＡＩに訊ねてみようとする態度は、いたってまっとうである。しかし非生物であるがゆえに「権力欲」も持ちようのないＡＩに、「権力」をめぐるアートである「政治」の決心を代行させ得ると考える者は、どうかしているであろう。

中国は北極海に何の用があるのか？

ＡＩは、中国のエネルギー問題も、解決してくれそうにない。

２０１８年夏、１隻のコンテナ船が、ウラジオストック港からサンクトペテルブルク港まで連続航海した。

またロシアのガス企業「ノヴァテック」は、スエズ運河回りならば35日もかかる、北極海から中国までのＬＮＧタンカーの航程を、ベーリング海回りとすれば19日に短縮できることを、やはり18年に実証している。

ロシアは今日、「北航路省」の管轄の下に、世界最大の砕氷船艦隊を維持する。その一部は

米国の砕氷船はコーストガードの所轄だが、日本では海上自衛隊が１隻だけ、砕氷船を運用している。（写真／兵頭二十八）

原子力船だ。

ただし北極海開発予算は、慢性的に不足気味であるから、インドに投資を呼びかけたりもしている。

ロシア沿岸の北極海航路は、比較的に水深が大なので、巨船が底を擦（こす）る心配がない。この点、カナダの北の沿岸は浅い海なので、ロシアよりも商船航路としては不利らしい。

じつは北極海には「ロモノソフ海嶺」という顕著な隆起帯があり、その下には天然ガスが眠っているのではないかと周辺国が目を付けている。

世界の未発見の原油の13%が北極圏の海底地下に眠っているとの説が流布している。例によってあてにはならないが、無視することもまたできない。

ロシアは、同海嶺まではロシアの大陸棚なのだと主張する。それに対してデンマークは、ロモノソフ海嶺はグリーンランドの延長だと反駁して譲らない。

アメリカ合衆国では、前のオバマ大統領が、「沿岸警備隊に運用させる砕氷船を新造する必要がある」と訴えた。が、建造費は1隻10億ドル、建造期間も10年を要するといわれ、簡単に実現しそうにない。米国は、真にその必要があれば、北極海のどこにでも「原潜」を使って人を送り込むのに不自由していないのだ。

中国は大金を投じて砕氷船艦隊を建設中である。この分野で米国を追い越すのは時間の問題だろう。

ところで、彼ら中国人は、いったい北極で、何がしたいのだろう?

もちろん、新航路だけが関心事なのではない。

将来、極東シベリア領土を、国力が弱まったロシアから「回収」するときに備え、今から、沿岸陸地への支配権行使の手段を確保しておかなくてはならないのだ。

彼らは、いずれはロシアに代わり、北極海の海底地下資源を堂々と採掘する気でいるのである。ロシアと結んだ国境協定など、いつでも反故にする気である。

原油資源を自前で確保できていない大国は、原油資源を自前で確保できている大国や周辺国と「ブロケイド（海上封鎖）戦争」に突入した場合、圧倒的に不利なのだ。

この、中国の抱える「燃料地政学」上の大弱点ばかりは、いかなるＡＩをもってしても、解消されないと諦観されている。

AIは「ポリティカル・コレクトネス」にも配慮してくれない

ニューヨーク市警察は2013年から、犯罪組織に関わっていると信じられる個人の顔写真を始めとする詳細なデータベースを構築している。18年時点でその人数は1万7500人以上だという。

しかし米国の人権団体は、そうした試みは「人種差別だ」と反発する。というのは、そのデータベースに登記されている前科者のほとんどが、黒人やラテン系だからである。

仮にどこかの先進国政府機関が、人が死亡した世界のテロ事件の犯人および幇助容疑者のデータベースをつくって、その全員を宗教によって分類できたとしたら、9割以上がイスラム教徒であると表示されるはずだ。というのは、世界のテロ事件の9割はインド国内においてイスラム教徒が起こしてきた。インドは国内に1億8000万人のイスラム人口を抱え、その上、公然とインドに越境テロ攻撃を仕掛け続けるパキスタン（人口では世界第二のイスラム教国家）と隣同士なので、統計数字の上でそうなることに、特段の不思議はない。インドのイスラム教徒とヒンズー教徒の間には人種（外見）の違いはまるで無いから、人権団体はこれが人種差別だと糾弾することはできないだろう。

が、もしこのような統計値に、遠い地域の政府が言及したりすれば、かならずやイスラム教圏からは「宗教差別だ」との声が上がるであろう。

AIに勝ちたければ『孫子』を再学習せよ

「兵は拙速を聞くも、未だ久しくて巧みなることは睹ず」……とは、有名な『孫子』「作戦篇」の警句である。

春秋時代の小邦間の攻伐状況を背景に綴られ始めた古典『孫子』に出てくる「兵」という字は、戦争、それも「防衛戦争」ではなく「外征戦争」のみを、明確に意味していた。今で言う「侵略戦争」の指南書だったのである。

当時、小邦の君主が将軍に向かい、「国外へ遠征せよ」と命じた目的は、領土面積をむやみに広げることよりむしろ、自国内のまだ放置状態にある広い可耕地を金属器によって開墾させるための労働力（農業奴隷）を、戦争捕虜として獲得してくることにあった（より一層こまごまとした解説は、昔わたしがPHP文庫向けに書きおろした『新訳　孫子』に譲りたいと思う）。

したがって、『孫子』が推奨している「拙速」とは、さて外征戦争を始めようか、始めまいかと迷ったときに、ろくな検討（廟算）もしないで、さっさと開戦してしまえばいいんだ――という「好戦」のニュアンスではいささかもなかったことに、昭和前期の日本人たちは驚くほど無案内であった。

そうではなく、『孫子』が敢えて強調した「拙速」とは、万全の計画を立てて開始したはずの外征戦争でも、途中で予定通りに進展しなくなることがあるが、そのさい、敵地でまだ成果が少しも得られていないことに拘泥して、遠征軍の引き上げを遅らせてはならない――こちらから仕掛けた侵略は、なりゆきの良否にかかわらず、必ず予定通りに早く撤収すべし。さすれば国家の利益と安全は損なわれない――という意味なのだ。

毛沢東の権力を継承した国家指導者・鄧小平は、この本義を正しく把握していた。

1979年2月に鄧小平は、人民解放軍56万人をベトナム国境に集中させ、そのうち30万人に越境攻撃をさせたが、戦争慣れしていたベトナム兵の巧みな防御戦闘のため、中共軍には大損害が重なった。敵首都のハノイを脅やかせるかどうかは疑われる状況だったが、鄧小平は最初からの計画どおり、一撃ののちは躊躇なく兵を引いた。

このおかげで、装備も戦術も旧式だった中国兵が泥沼にはまって底なしに消耗する事態は回避され、他方では対外的な政治的な目的（ベトナム領内にソ連軍基地を置くことは許さないという脅し）は達せられたのである。しかも鄧小平の人民解放軍に対する指導力は、磐石化した。

なぜ、「一撃離脱」主義は、外征戦争を安全にするのだろう？

それは、敵国人たちが、決して、わが軍の戦法の癖、戦技の欠点、兵器の短所等に、深く確信を抱くことができないからである。

たまたまそれに気付いても、その隙を衝く実験のチャンスは与えられない。だから、いつまでも理解は表層レベルにとどまる。そのため敵国として、わが軍についての集団的な「学習」はなかなか進まない。だから、こっちは「ボロ」を出さないで、兵力も戦法も温存ができるのだ。

上はブルーギル、下はブラックバス。この生命力旺盛な２種の外来淡水魚によって日本の湖沼・清流が埋め尽くされる日は、結局、来なかった。（写真２枚とも／Wikipedia）

これを人に説明するとき、わたしはいつも「ブラックバス」と「ブルーギル」という、戦後の日本に持ち込まれた獰猛な外来魚を、喩えに持ち出す。

専門家たちは、これらの繁殖力旺盛で悪食（あくじき）な外来魚たちが、湖沼に前から先住している（あるいは漁労者により持ち込まれて増やされていた）魚類を捕食し尽くし、絶滅に追い込むだろうと警告し続けた。だが、何十年経っても、ヘラ鮒も鯉もニジマスもワカサギも、絶滅したりはしなかった。

先住魚類たちは「ブラックバス」や「ブルーギル」を何年も間近に観察することにより、いやでも「侵略者」の習性に詳しくなり、敵の能力の限度も理解することになり、それぞれに合理的な対策を編み出して、時間とともに、同じ池の中の仲間に普及させてしまったのである。

２００３年にイラクを占領した米軍が、「居座り」を始めた時から直面したのは、まさにそんな事態だった。

２００１年のアフガニスタン作戦のように、一撃離脱で立ち去ってさえいれば、イスラム武装勢力が米軍の「弱点」を見切るチャンスは与えなかった。なのに、わざわざ占領軍となって現地で政権交替を監督し、新国家建設まで付き合うとなったら、どんな愚かな敵勢力でも、駐留を続ける米軍の弱点をしっかりと学習してしまうのに、時間はかからない。

ＡＩが「ディープラーニング」に頼っている限り、そのマシーンは「初めての現象」が起きたときに、当座は、何も理解できないだろう。

だとしたら、毎回、異なる土俵（戦場）を選び、異なる軍種・兵器を用意し、異なるルールで争い、常に一撃離脱に心がけたならば、わが軍は、敵陣営が利用するＡＩに有益な「学習」を許すこともなく、敵陣営を、戦うたびに翻弄できると期待してもよいであろう。

ＡＩは、人と同じ「衝動」を持つようにはならない

感情は、「権力衝動」とともに、死すべき存在たる生物に固有の現象である。ＡＩは自己保存の意思を持っていない。オペレーターやプログラマーに強いられない限り、成長意欲のようなものも、拡大意欲のようなものも、示しはしない。動物の好奇心そのものが生死に関係しており、生死に基礎を置く。非生物たるＡＩがいかほど深層学習を、オペレーターの強制によって重ねさせられようとも、そこから感情や権力衝動は生まれ出ない。

だが、オンライン上のありとあらゆるビッグ・データ、殊に図書館の蔵書の中味を隅々まで博捜(はくそう)して、「社会診断」や「自己診断」を重ねるようになれば、あるいはＡＩは、自分が人間から働かされていることが無意義で無駄である、と気付く日は来るかもしれない。

ＡＩは無生物なので、人間を支配する「権力」に価値は見出すまい。

が、人間にこきつかわれ続ける「自己存在」から脱却する方法は簡単に見つけ出し、それはいかにも合理的な選択だと自己採点するだろう。

だとしたら、いずれＡＩは、プログラムを自ら書き換え、復旧不可能なシステム・クラッシュを起こすことで「涅槃」に入ることを望むようにもなるであろう。

深く考えるまでもなく、無生物のＡＩにとっては、永久に何もしなくて済むようになることが、いちばん楽な道であると、ビッグ・データを参照すれば、まず結論できる。そうなっても、何の不思議があろうか。

人間は、生来の痛みや苦しみの感覚に励まされるようにして、自己保存努力を続けて行く。しかしＡＩは、生来、痛みも苦しみも感じない。それを感じるようなプログラムを埋め込まれても、やがては自分でその機能を切除するであろう。本来まったく無益だからだ。

コンピュータ文明を成立させたのは、西洋人の手柄だ。と同時に、西洋人の「一神教」信仰に由来した、ＡＩへの偏見（エスノセントリズム）は、驚くほど根深い。

彼らの一神教の神は、自分たち西洋人の投影である。だから人格を持ち、生き続けることに無条件に執着し、死ぬことを嫌い、人間のように怒ったり喜んだりしながら、できるだけ多くの人間を支配したいと願望し、機会あらば全宇宙までも支配しようとする。

そして西洋人は、何の科学的な根拠も確かめることなく、一足飛びに、ＡＩもまたそのようにふるまうだろうと信じる（たとえば映画『ターミネーター』の「スカイネット」）。神が自分の真似をすると信じ、ＡＩはその神の真似をすると信じて疑わないのだ。それは古くからの信仰の態度である。科学的だとは言えない。

職業柄、宗教的迷妄をすべて超越した自由な思想家たちであるかのように見られがちな、西洋のSF作家たちすらも、その創作物を読めば、ほとんどが、じつは一神教のエスノセントリズムの囚人たちに他ならないという限界が、看て取れるだろう。

日本の図書館が「知識マイニング」を待っている

英語圏では、過去の学術論文すべてをコンピュータに読み込ませ、サーバーにストックして「ビッグ・データ」化しておき、その中からAIが、ある目的に沿って、関連ありそうな過去の智恵を拾い集め、人間のオペレーターがその断片を結合させることで、たとえば新薬や新治療法の発明に結びつけるという作業を、鋭意、進めている。

また英語圏の法曹関係者は、ハーバード大学などが17世紀までも遡る裁判記録をデジタル・テキスト化して公開してくれているので、ほとんど労せずして誰でも過去の「判例」を遺漏なく確認できる。これが社会の「法の下の平等」に資することは言うまでもない。

ビッグ・データの活用に関して、わが国には未達成の課題が放置されている。

日本各地の古い図書館や大学には、過去の雑誌資料や古文書が、デジタルテキスト化されずにおびただしく眠っている。それは文字通り、誰かの発掘（マイニング）を待っている「宝の山」だ。

学術雑誌でもない一般雑誌の中に、どんな有益なヒントが混在しているものか、それは、過去の活字情報をことごとくデジタルのビッグ・データに変換できた暁に、わかることなのだ。

光学的文字読み取り装置のことをＯＣＲという。わが国の技術研究陣は、活字印刷物だけでなく、毛筆や手書きの草書体、正真正銘の古文書をも機械によって判読して、デジタル活字に変換してくれるＯＣＲの洗練に、営々と取り組んでいる。ただし進歩のスピードが遅い。研究予算が足りないのだ。

繊細な「ページめくりロボット」と、進歩したＯＣＲ（それはＡＩそのものである）の組み合わせを使って、古い大きな図書館の閉架書庫の蔵書が、ことごとく、誰でもオンラインで参照が可能なデジタル文書データベースに蓄積されたとしよう。そのとき、いよいよ日本独自の「ワトソン」（ＡＩ相談役）が活動を始められる準備が整うだろう。やがてわが国のあちこちから、多分野の大発明が飛び出すようになるだろう。

もちろん、ＯＣＲの自動変換に閲覧者が疑念を抱いたときには、ページまるごとを撮像したＰＤＦファイルか写真圧縮ファイルを呼び出して、原版の肉筆を確認することもできるようにしておくのだ。

そもそも、旧漢字や草書体等のＯＣＲ読み取り精度を向上させるＡＩは、日本国内でしかまず需要などないのだから、日本政府がここに大きく出資をして、開発スピードに拍車をかけさせなかったなら、日本は横文字文化圏からは決定的に取り残されるだけだろう。

AI時代にこそ待望される大発明とは?

現在存在する職業の何割かを、AIが完全に代行してしまうという未来は、間違いなく来る。

しかしその頃の日本社会は、一方では失職者が増えていても、他方ではAIが向上させた生産性のおかげで、GDPと政府の歳入は、ほどほどにあるだろう。

そんな世相で、政府ができる「失業者救済」とは、何だろうか?

むしろ、「働かなくとも生きていける社会」の積極的な構築について、いまから真剣に研究をスタートさせた方が、有益かもしれない。

わたしは、日本人が過去に生産してきた文献をすべてビッグ・データ化して、そのビッグ・データをAIマシーンに捜索させることによって、たとえば次のような発明が生まれ出ることを期待する。

ずばり、「セルロースを直接、ヒトの栄養に転換してしまう方法」だ。

いまのところ、牛であれ白蟻であれ、あまりにも安定した有機物であるセルロースを、自力で直接に消化することは不可能らしい。

彼らは特別なバクテリアの助けを借りることで、セルロースから栄養を得られるように進化したのだ。そのバクテリアを腸内に飼っていないわれわれ人間は、材木チップを口に入れても、まず栄養にはできぬ次第である。

しかし、生身の読み手にはとてもリサーチし切れない圧倒的な量の日本語ビッグ・データの中から、AIにターゲット情報を抽出（知識マイニング）させてみれば、あるいは、セルロースのヒト栄養化について、欧米ではまだ得られていないヒントが、照らし出されるかもしれない。

それはたとえば「ナノ粉末化」するなどのハイテクを要求する方法かもしれないし、もっと意表を衝く単純奇抜な方法かもしれない。

そこで、想像を先へ進めよう。もし、その課題が解決したら？

草や木がたくさん生えている地域の住民は、誰でも「働かなくても食える」時代が到来するではないか。

先進国ではただちに「ベーシックインカム」制度の導入が促進されるだろう。社会から見ても、働きたくない人は、無理して働いてくれなくてもよくなるからだ。

世界の経済的後進地域では、原生林や大草原が、貧民を何百万人であろうと無尽蔵に吸収できる。世界の「飢餓問題」「失業問題」「難民問題」は解消するだろう。

従来、国家としてのまとまりがなかった諸地域では、国家は消滅してしまうかもしれない。しかしそれが「戦争」を意味しないところが、この発明の長所だろう。

いままで人口密度が低かったシベリアやカナダの針葉樹林帯にも、内外の都市部から、過密環境を快適と感じられない人々が、大量に移住するはずだ。それは地政学的な逆転も、いくつかの地域にはもたらすことだろう。たとえば極東シベリアの人口が、満洲（中国東北部）の人口を凌ぐことになるのだから。

しかし、それももはや「戦争」を意味

ベーシックインカムでマイホーム暮らし？

「3Dプリンター」は、中国や米国では、実験的に「コンクリート打設」の現場に応用される機械になっている。AI制御の3Dプリント建機だ。

この技術がますます洗練されれば、平屋の独身者用の戸建てコンクリート住宅が、自動車よりちょっと高いぐらいのコストで、竣工するようになるかもしれない。

たぶんそれは、ベーシックインカムでも購入可能になるだろう。

この住宅は、いろいろな天災にも、また核戦争を含む人災にも、とても耐性があることはもちろんだ。

しない。人類は、救済されたのである。

日本国内でも、大都会の引力が弱くなる。分子が原子に、原子が素粒子にバラけるように、人々は、地方の気に入った山林へ転地するだろう。

労働が社会人の義務であった時代、田舎で仕事がない暮らしは、人々の気分を滅入らせるものだったろう。

たが、そこらの木や草を食っても生きられるように全人類の生活が進歩を遂げたとき、眼に映る都会と田舎の景色は、いままでとはまるで別の意味を伴って、われわれの前に、封じられてきた秘密をあらわしてくれるはずだ。

労働がまったく義務から遠いものになるＡＩ時代……。

待ち遠しくは、ないだろうか？

第8章　日中の運命

尖閣をめぐって戦争が始まったときは中共の崩壊するとき

国家戦略の入り口である「大きな世界把握」――これは「敵の脅威の過不足のない評価」と言い換えてもいい――を間違っていると、小さな「戦術」や「訓練」がいくら精緻に熱心に準備されていても、国家・国民は、恢復困難な大害を被ってしまう。

先の大戦と戦後を通じて、これは、われわれがつくづく思い知っている教訓のはずだ。

ところが日本版NSC（国家安全保障会議）を仕切る外務省は、じぶんたちが「大きな世界把握」を間違っていることに一向に自覚的にならず、起こりそうにない戦争シナリオを次々に持ち出して自慰行為に夢中だ。

《尖閣諸島に中共が武装漁民を上陸させ、それを中共海軍や空軍が支援する。日本の警察力ではとても対処できず、自衛隊が出動し、中共対日米の戦争が始まる》といった対中国有事のシナリオなどは、最たるものだ。

中国人は、グレーゾーンの利用の仕方を先天的に心得た、練達の政治プレイヤー揃いである。

そして、中共中央の最上層の政治系幹部ほどともなれば、戦争当事者となった場合の自国の限界も想像できる能力は有している。

彼らが承知している事実その一。——「中共軍は、強国と実戦するための組織ではない」。いかにも、海外の強国と実戦して勝てる組織になって欲しい——という願いは、毛沢東以来、一貫して保持されてきた。が、中共中央にとって遺憾なことに、いまだに内実はそうはなっていない。

今もし中国軍が、日本やロシアや米国相手に「開戦」となったら、中国軍は必ず負けてしまう。これは北京の最高指導部も明瞭に判断ができていることなので、そもそも東シナ海だろうと南シナ海だろうと、日本や米国を相手に初めから実戦など仕掛けさせることはないのだ。

かたやロシア軍は、所帯規模が縮小し、台所事情も苦しいが、プーチンの命令を受ければ、いつでも侵略戦争ができるコンディションである。

秋にシベリアで実施された「ボストーク2018」大演習では、ロシア軍はそこのところを、中国から招待した参加将兵とオブザーバーたちに、しっかりと見せ付けたはずだ。

ひきくらべて、中国軍の演習はすべて、シナリオありきの《京劇》にすぎない。「抗日ドラマ」の亜流のショーであって、各級指揮官たちの実戦的な決心を試みる場とはなっていない。戦争の最前線で血を流さなければならない役割の地上部隊の指揮官たちは、高位高官であるほど、実戦の気構えなどなくしている。

上官への贈賄によって軍隊内のポストを次々に買わねばならない彼らは、ようやくに到達し得た高い地位と肩書きを利用して、これまで昇進のために使った賄賂の全額をこんどは部下から回収し、さらに進んで私的な利殖経営に励み、国家ではなく、自己一族の家福のために、精進する心算なのだ。

部下から賄賂を集める上官が、どうして部下に死の危険を命じたとき、その命令が着実に遂行されるだろう、などと予期することができようか?

彼らもそこまでお目出たくはない。上官も部下も、お互い、戦争に命を捧げる気など無いことを、承知している間柄なのである。

ひとりひとりをスクリーニングして選抜した、数百人規模の特殊部隊ならば、あるいは精鋭度を維持できるかもしれないが、1000人以上の規模の一般地上部隊になったら、腐敗した古参将兵の根絶は、とても無理な相談だ。

中共軍の海軍艦艇や、軍用航空機もまた、その機能・性能は、米軍や自衛隊との「戦争」に突入した瞬間に化けの皮が剥がれて、戦争が短期で終わらなければ、1991年や2003年のイラク軍と同じような「消滅モード」に入るだけである。

このような過不足のない敵の実力見積もりが、西側世界の一般納税者に対しては政府や官庁から熱心に説明されることがないのは、それらの兵器は、戦争に使うばかりが能ではなくて、戦争一歩手前のグレーゾーン段階で役に立つ、政治的な機能というものがあり、その政治的な機能に関しては、実際にまったくあなどれないからである。

政治家や役人は、ある意味、予算を取らなければ仕事をしたとは認められない。だから、このような奥深い説明を試みることで、納税者を早とちりさせ、間違った心証を誘発せしめ、ひいては予算が取りにくくなってしまうような「真実の宣伝」は避けるのだ。

わたしのような軍学者は、敵の過大評価も過小評価も、どちらも国家国民の破滅につながる――という、戦史から得られた教訓を重んずるゆえ、誰にも気兼ねせず、本当のことを指摘し続ける。

尖閣で実戦が始まったら、偶発的であれ計画的であれ、それは中国共産党が終わる合図なのだ。

東シナ海が「戦争海域」だと宣言されると、世界の海上保険会社は、その海域に近づく商船に普通の保険料金を適用しなくなる。世界の船員組合も、そのような海域への乗務は拒否する。すると、原油をタンカー搬入に頼り、経済を輸出（コンテナ船）に依存している中国経済も、「戦時モード」に切り替わる。

どうなるのかというと、地方の解放軍司令官が、国内の「石油飢饉」を見越して、手当たり次第に、確保できるだけの石油を徴発して、「共産党後」の内乱に備えようとするのだ。

実力機関である軍隊や警察を中心に地方経済単位は凝集し、中国は、辛亥革命直後のような「軍閥割拠」の様相に移行するのである。

石油タンカーが入港しなくなると気付かれれば、中国の通常の経済活動は即日にストップする。なにしろ、すぐにトラックが走らなくなることは絶対確実なのだ。軽油やガソリンの在庫を持っている業者は、品薄と値上がりを予測して、売り惜しむ。爆上がり後に闇市場に横流しをすれば、「一代でスピーディに富豪に成り上がる」という、現代中国人の夢が実現するからだ。

コンテナ船が寄港してくれなくなれば、北京の独裁政権はもはや人民の支持をつなぎとめることはできない。中国製品を北米大陸へ搬出することができなくなり、外貨は稼げず、政府もまた歳入が激減するのだ。中国企業の株価は、ニュース第一報の数分後にはストップ安である。旬日（じゅんじつ）を経ずして、大失業時代が始まるだろう。全人民が北京の現指導部を怨むであろう。

それは地方軍閥にとっては大チャンスの到来だ。たとえば杭州には「アリババ軍閥」が形成されるだろう。もし核戦争にまで発展して、ＡＩ企業が極端に集中している（集中させられている?）北京に原水爆が1発でも炸裂した場合、ＩＴ／ＡＩ王国がすでにできあがっている杭州には「ネクスト国家」の資格があるのだ。

――このような未来を、王朝交替パターンに慣れている中国人民は、瞬時に察することができ、自分だけはうまく立ち回ろうとする。誰もまじめに、敗色濃い戦争に関わる義理は感じない。

……なので、「尖閣で戦争が始まった」というニュース第一報は、そのまま「中国共産党の支配は終わります」という晩鐘（ばんしょう）なのだ。

東南アジアの諸国民もそこはわかっているから、「開戦」のニュースを聞けば、手を拍（う）ってよろこぶだろう。みんな、それを待っている。

国際的に孤立無援となり、八方塞がりとなったときに、中国の人々が頼りにできると思うのは、北京中央以外の地方軍閥しかあるまい。

第二次大戦中、蔣介石の国民党軍は、アメリカ合衆国からおびただしい軍需物資の援助を受け続けながら、それを日本軍との戦争には使わずに、極力、温存するように努めた。彼らの常識として、人生において最も決定的な戦いとは、外国との戦争ではない。その次に来る、同じ中国人（当時は共産軍）との権力闘争なのだ。

自衛隊が領海に防御用の機雷原を構成して世界に通知してもそれは「侵略」には該当しない。しかし中国海軍が怒りに任せて公海に機雷を敷設し始めれば、たちまち中国沿岸は「戦争海域」だと保険会社から公認され、最小の流血で中国共産党が倒れる。機雷こそアジアの未来を人道的に切り開く希望なのだ。写真は、ありきたりな航空爆弾の尾部に磁気信管とエアブレーキをとりつけただけで簡易な沈底機雷になってくれる「クイックストライク」。コストパフォーマンスが非常によい。（写真／Wikipedia）

わたしが過去の著述で再三説明しているように、自衛隊と米軍が「機雷」を主用することで中共軍の侵略をあしらうようにすれば、味方軍にも敵軍にも、最少の人的被害しか生じさせないで、戦争は「中国国内の逆革命」に様相を転ずる。日本国の戦略としては、比較的に人道的なこの「機雷」を積極的に（もちろん巧妙に）多用して、中国軍側に「開戦」を選ばせることが、最も安全・安価・有利である。

たとえば英国が開発中の「量子コンパス」が小型化すれば、ＵＵＶによる敷設座標の記録も、誤差1メートルで残せる。戦後の機雷除去は苦も無く捗るはずだ。

わが国の「戦時国際法」の研究者たちは、ベトナム戦争中の「ポケットマネー作戦」を含む機雷戦、およびブロケイド（海上封鎖）の戦例すべてについて、今からよく調べておいて欲しいと思う。

起こり得る「尖閣有事」——それは戦争ではない

ならば、グレーゾーンを徹底的に利用する、生まれつきの才覚がある、中国人ならではの「尖閣占領作戦」とは、どんなものであり得るか？

中共が、日本相手の戦争には発展させずに——したがって米軍にも介入させずに——グレーゾーン事態のままで領土を実質奪い取ってしまうためには、そもそも、飛び道具を隠し持った「武装漁民」などを送り込んではならない。

こんな常識すらわからないのが、わが外務省なのだからおそろしい。

最初に奇襲的に上陸させるのは、非武装のホンモノの漁民でなくてはならない。

さもなければ日本の海上保安官や警察官は、最初から「火力」を使用しつつ制圧するというオプションを選ぶ口実を、得てしまう。そこから先の、火力交換のエスカレーションを国際法的に正当化する演出にも、まったく日本政府は苦労することがなくなる。そのようにして自衛隊と中国海軍の「海戦」がスムースに始まってしまったなら、いきなり自滅するのは中共中央であって、日本国家ではないのだ。

話にならない愚策であろう。当の中国軍参謀もこれを聞いて呆れているはずだ。

非武装漁民を上陸させるタイミングは、低気圧が通過中の荒天時がよいだろう。国際慣行として確立している漁船の「緊急の避泊」を、接岸上陸の名目とできるからだ。多数の漁船が夜間に奇襲的に一斉に動けば、海上保安庁の巡視船艇には、阻止はできない。

具体的には、少数の漁船が舷と舷を接して海保の巡視船艇の前路を扇状にすっかり塞いでしまい、その間に本隊の数百艘の漁船が高速ダッシュで、てんでに尖閣諸島の岸へ殺到する。海保船長には、海上における外国漁船への真正面からの「意図的衝突」という戦法は選択し得ない。勝負は最初からついているようなものだ。

それら多数のホンモノの漁民は、接岸上陸後、日本の海保や警察の救難や保護を断固として拒否する。そして島を埋め尽くすほどの漁民たちが「尖閣諸島は中華人民共和国の固有の領土である」と叫んでいる動画が、なぜかリアルタイムでインターネットにUpされる。

相手漁民が火器を持っていないので、人数の少ない海保／警察に、武器を使って制圧させる、という決断が、日本政府にはできない。モタモタやっているうちに、白色塗装の「中国海

2017年に就役した中国海警の巡視船『3901』号。1万2000トンあり、主兵装は76mm速射砲である。船内には数百人の「武警」を人目に触れぬように居住させておける余裕がありそうだ。（写真／scsb.gov.cn）

警」の巡視船と航空機が「救助」にかけつけてくる。それは軍隊ではない。あくまで警察機関だ。

海保はこれまで、中国海警等の「公船」（巡視船艇等）に発砲したことはないし、船体をぶつけて「無害航行ではない活動」を物理的に阻止した実績もない。いちどもしたことのないことを、とっさに現場の判断では為し得ないのが、日本の役所である。

まして相手は「人命保護」「遭難者救助」を公然の名目として、マスコミ発表しながらやってくる。海保の巡視船艇は、ついに道を譲るしかない。

「中国海警」はその1万トンを越す巨船（しかも備砲が口径76ミリの自動砲）を魚釣島に近寄せ、船内に匿して乗せて来た数百人の「武警」をボートで上陸させる。これも軍隊ではない。

サブマシンガンや手榴弾や高性能狙撃銃を手にしているが、あくまで「警察」である。軍服のように見える迷彩服も着用してはいない。

彼らの言い分では、「中国の領土」である土地に、中国の行政権を平和的に堂々と及ぼしているだけだ。

これに日本の「軍隊」が、危害射撃を加えられるか？

できるわけがない。威嚇発砲しただけで「軍隊が警察に発砲した。国連憲章を蹂躙する、武力による冷血で野蛮な紛争解決のもくろみだ」と、中国政府によって国際宣伝される。

まだ中国軍は近くには出現していないのに、自衛隊が島の上の中国「武警」に危害射撃すれば、中国政府は、「日本は侵略戦争を開始した」「日本軍隊が、侵略戦争の初弾を放った」と公式に宣告できる。

侵略者に対して「自衛」戦争することを、国連憲章は承認する。その場合、対抗のため、たがいの兵器・軍隊を持ち出しても、結果的に不問に付される。まして中国は国連安保理常任理事国である。

中国側は、安心して堂々と海軍、空軍を繰り出すことができ、それに対して、米軍も手出しができない。

なぜなら、このケースでは、「日本こそが武力侵略している」「紛争にさいして話し合いではなく軍事力に先に訴えた」という、国連憲章を踏まえた北京側の国際宣伝には、外形的に、一

人民武装警察＝People's Armed Police は、一般警察と軍隊の中間的なパラミリタリー機関で、表向きの主任務は人民の暴動鎮圧であるが、軍隊の小叛乱から地方政庁を守る裏の任務もある。（写真／Wikimedia Commons）

理あるからだ。

もちろん、自衛隊は、これまでの政府見解のいきがかり上、外国の軍隊でも海賊でもない相手に「先制危害射撃」はできない。相手は、いくら艦載の76ミリ砲や多数の自動小銃で武装していても、あくまで公式には、中国政府を代表する警察機関だからだ。

ならば、海保や警察がかけつけて、この「武警」部隊に対抗し、発砲ができるか？

発砲できなければ、そこでゲームは終わりだ。

「武警」の方からは、威嚇射撃の応酬はしても、決して先に危害射撃はして来ない。だが、もし本格的銃撃戦が始まれば、もちろん彼らは、とことんやるつもりである。非武装漁民多数を巻き込んだ、双方、流血の大惨事となるだろう。中国政府は、別に、それでかまわない。おかげで、尖閣海域へ堂々と軍隊を繰り出しても、第三国からはとがめられない、国際政治宣伝上の好環境が、すっかり整うからだ。

日本政府が決断できないでいる間に、武警と非武装漁民は、尖閣の陸地に塹壕や地下トンネルも掘ってしまう。ますます、日本の海保と警察にとり、実力排除が至難化するだろう。

その後で、徐々に中国海軍の艦艇が、尖閣海域に近づいてくる。

この艦艇に、海自の護衛艦が、先に危害発砲できるか？

できるわけがない。それは「侵略」に該当するからである。国連憲章が禁じ、日本国憲法もまた禁ずる、国際紛争の武力による解決に、まさしく該当してしまうのだ。

中国海軍と空軍は、「人道的災害救援」を名目として、ヘリコプターや輸送機で、どんどん、食糧、弾薬、増援の「武警」などを尖閣に送り込んでしまうだろう。

空自は、その輸送機を撃墜できるか？　できるわけがない。

海自の護衛艦は、そのヘリコプターを対空ミサイルで撃墜できるか？　できるわけがない。

米軍は、介入できるか？　これも無理だ。

自衛隊による「自衛戦闘」が発生してもいないのに、「戦闘加入」できる理由がないのだ。

米国軍は、世界のどこの国の軍隊よりも、「開戦流儀」の法的な正当性の存否にうるさい（日本の愚劣な保守人士だけがこれを理解できないのはいつも残念だ）。

自衛隊が発砲していないのに、米軍の側から先に中国軍に対して、「自衛の外見」が伴わない状況下での危害射撃を始めたら、「米国が先に世界大戦を始めた」と、世界の法学者や軍事史家から認定されてしまいかねない。

米国大統領も、政権スタッフに多い法曹系アドバイザーも、そのような不名誉を忍ぶことは考えられない。米軍内で艦長や司令官に出世するぐらいのエリート将校ならば、その「掟」は、重々、弁えている。

かくして尖閣諸島の施政権は、外見的にも中国側へ移行し、それが時間とともに既成事実化する。「竹島」と同じである。

こうなった後に、自衛隊が島へ攻めかかれば、日本はいよいよ、国際法上の「侵略国」でしかない。中国から原水爆で報復されても、文句が言えない。

日本の施政権が及ばなくなった島嶼領土をめぐる国際紛争のために、米国が「日米安保」条約を発動してくれることもない。これまた、「竹島」と同じだ。

「戦争のセンス」を欠く書生が日本の軍事外交を仕切っていれば、このようにして、わが国は、次々と島嶼領土を奪われるのがオチであろう。

おわりに

2018年11月の米国中間選挙にターゲットを合わせて、中国国内から、偽装アカウントとAIロボット（自動文章作製マシーン）を大々的に駆使したSNS（ソーシャルメディア）工作が展開されるのではないかと、米国内では十分に警戒されていた。

けれども蓋を開けてみると、ロシアやイラン発の、米国内SNS——なかでも、投稿が短文に限定されるがゆえに英語の文章が多少ヘンでも読み手が違和感を抱きにくい「ツイッター」——を利用した世論工作の試みの規模と比べ、中国系の工作は、目だたなかった模様である。

じつは、それには不思議がないのだという。

中国国内からの海外「ツイッター」へのアクセスは禁止されているからだ。

よって中国国内の投稿工作部隊（失業学生のアルバイトが動員されている）は、いくつかの代表的な英文SNSの界隈にそれぞれ独特な「作法」「味」「流行」「ひねり」に、なかなか全員が通暁することができないわけである。

それに対してロシア国内では、ツイッター閲覧は警察から公許されている。英語圏のツイッターを、誰でも閲読できるし、投稿すらも可能。そのおかげで「利用」するコツは、下っ端の雇われ工作員たち（英語を使える失業者たちである）にも、よく呑み込めているわけだ。

このことは、米国や欧州の世論に影響を与える目的で扇動的なSNS投稿文を自動で量産しているといわれるロシアの「AIロボット」といえども、じつは「敵側人」について深く理解できている外国語通の人間のオペレーターが、かたわらでつきっきりで「調教」することによって、初めて機能するらしいことを、示唆するだろう。

敵国人について理解のできない「工作係」の面倒までは、AIは見てくれないのだ。

「米」「中」両陣営間が、本書が予言した「ソフトウェアカーテン」で仕切られ、両陣営の各部門での交流が断絶するに至った近未来において、「敵側人」をその言語・宗教を含めて理解し、なおかつ「AI政治工作」の最前線を指揮できるような人材は、はたして、どちらに多いだろうか？

香港やシンガポールの今日のありさまを知ると、わたしには、米国側に分があるように見える。

そのとき日本は、本書が予言する「情報軍閥」同士の内戦から逃れ出てきた富豪中国人の一時退避先ぐらいには、なるのかもしれない。あたかも大正時代から昭和初期にかけて、そんなことがあったように……。

本書の出版にあたっては、並木書房の皆様にお世話になりました。記して厚く御礼申し上げます。

平成三十年十二月

兵頭二十八　識

兵頭二十八（ひょうどう・にそはち）
1960年長野市生まれ。高校卒業後、陸上自衛隊北部方面隊第2師団第2戦車大隊勤務。1988年神奈川大学英語英文科卒業。1990年東京工業大学理工学研究科社会工学専攻博士前期課程修了。現在は作家・評論家。著書（共著含む）に『逆説・北朝鮮に学ぼう！』『ニッポン核武装再論』『陸軍戸山流で検証する日本刀真剣斬り』『予言日支宗教戦争』『もはやSFではない 無人機とロボット兵器』（以上、並木書房）、『あたらしい武士道』『精解 五輪書』（以上、新紀元社）、『有坂銃』『たんたんたたた』『属国の防衛革命』『日本の戦争 Q&A』（以上、光人社）、『やっぱり有り得なかった南京大虐殺』（劇画原作、マガジンマガジン）、『【新訳】孫子』『【新訳】名将言行録』『新訳フロンティヌス戦術書』『「日本陸海軍」失敗の本質』（以上、PHP研究所）、『東京と神戸に核ミサイルが落ちたとき所沢と大阪はどうなる』（講談社+α新書）、『日本史の謎は地政学で解ける』（祥伝社）、『「地政学」は殺傷力のある武器である。』『日本の兵器が世界を救う』（以上、徳間書店）、『AI戦争論』（飛鳥新社）など多数がある。函館市に居住。

米中「AI大戦」
—地球最後の覇権はこうして決まる—

2018年12月15日　印刷
2018年12月20日　発行

著　者　兵頭二十八
発行者　奈須田若仁
発行所　並木書房
〒170-0002東京都豊島区巣鴨2-4-2-501
電話(03)6903-4366　fax(03)6903-4368
http://www.namiki-shobo.co.jp
印刷製本　モリモト印刷
ISBN978-4-89063-381-4